外国にルーツをもつ子どもたちの
学校生活とウェルビーイング

児童生徒・教職員・家族を支える心理学

松本真理子　野村あすか

編著

遠見書房

はじめに

▎I　気づきのはじまり──彼らの学校生活は幸せだろうか？

　編者らは，大学院の小中学校特別支援学級での実習指導担当として，県内でも有数の外国人児童生徒の多い地域の学校を巡回しています。1990年の出入国管理及び難民認定法の施行によって，外国人およびその家族が急増した10年間を経て，さらに国籍の多様化，滞日の長期化が進んできたものの，学校現場では急増する子どもたちの日本語教育に追われ，さまざまな課題に対して今なお試行錯誤のさなかにあります。

　私たちが巡回する特別支援学級でも，外国人児童生徒が2000年以降，増加傾向にありました。特別支援学級に在籍する外国人児童生徒について彼らにはどのような課題があるのでしょうか，と担任に尋ねると，学力の遅れ，落ち着きのなさ，集団行動ができないなど，やや自信なさそうに説明されるのが常でした。そうした子どもたちとかかわり，話をしてみると，知的な遅れではなく日本語習得の問題だけではないか，多動ではなく文化的習慣の相違に起因するのではないか，あるいはどのような発達障害なのか？などと思うこともあります。

　年を追うごとに外国人児童生徒は急増し，10名以上の特別支援学級でネイティブ日本人は1名のみという学校も出現してきました。小学校では外国人児童在籍率が全校児童の過半数を占める学校もあります。そこでは，教室で日本人を「探す」必要があり，昼休みの校庭はサッカーに興ずる外国人児童であふれている光景が日常でした。

　ある日の教室での一場面でした。その日も数名の外国人児童は屈託なく笑い，群れるときには懐かしい母語が飛び交っていました。編者は何を話しているのかわからない焦りを感じつつも，楽しそうな雰囲気に交わっていました。その時です，そこへ教師がおもむろに近づき「ここは日本です！　日本語を使いなさい！」と叱責しました。子どもたちは飛び上がるほどに驚き，その場は沈黙の気まずさに一転しました。叱責した教師には私たちと同様に，

何を話しているのかわからないという焦りや不安があったのだと思います。その気持ちには共感できるものがあります。

　一方，外国人児童生徒にとって今ここでの学校生活は幸せなのだろうか，日本語教育もさることながら，彼らのウェルビーイングを考える視点が学校には日本語教育と同じくらいに大切なのではないだろうか……。そんなことを強く感じる一場面でもありました。

　そして，同様の思いを共有する心理学の仲間とともに外国にルーツをもつ子どもたちのウェルビーイングに関する研究を開始しました。

Ⅱ　外国人の子どもへの取り組みにみる学問領域 ——研究や関心の乏しい心理学領域

　文部科学省の外国人児童生徒に対する政策としては，1998年に実施された日本語指導に関する調査にも認められるように「日本語教育」に重点が置かれてきました。習得が難しい言語とされる日本語であり，当然ともいえる政策と思われます。その後，平成29（2017）年改訂の『新学習指導要領』では総則において「日本語の習得に困難のある児童生徒への指導」が明記され，2019年には『外国人児童生徒受入れの手引　改訂版』（文部科学省，明石書店）が刊行されるなど日本語教育を中心としての取り組みは進んでいます。

　教科指導においても，集団適応においても，学校生活の基本は「言葉」によるやり取りであり「教育」です。その結果，日本語教育のみでなく，外国人の子どもに対する研究や図書刊行も，教育学の分野が中心となっています。異文化間教育学会は異質な文化の接触によって生ずるさまざまな教育の問題を学問対象として取り上げ，その研究を促進することを目的として，1981年に設立され，多くの研究や出版物を刊行しています。

　また教育の専門家による支援・指導のためのハンドブックの類も複数刊行されています（齋藤編，2011；菊池，2021；宮崎編，2014など）が，これらは日本語指導を中心として現場での課題への対応などを扱う実践向き図書であることが特徴です。

　志水・清水（2001）は教育をより広く捉えた教育社会学の立場から，ニューカマーをめぐる教育の問題を従来の日本の学校文化とエスニシティから考

察しており，結論として「日本の学校は外国人のためにも存在する」という意識をもち行動すればよい，と述べています。

　また OECD は PISA 調査におけるネイティブと移民の学力比較の分析をもとにして各国の教育政策に関する調査報告書を刊行しています（OECD, 2015）。基盤は移民においてもよりよい経済的条件やよりよい暮らしを目指すものです。

　さらに社会学者や文化人類学者による研究や図書も認められ，森田（2007）は，日本に定住するブラジル人の子どもたちの適応過程を調査し，日本の教育モデルの長所と短所について考察しています。

　このように見てくると，外国人児童生徒の問題は日本語教育を中心として，教育学，言語学，教育社会学を中心として多くの研究や刊行がなされていることがわかります。

　それに加えて最近では，毎日新聞取材班編（2020）が，外国人児童生徒の社会問題として就学不明児，学校での無支援状態，発達障害とみなされていることの問題や不就学・不就労を取り上げた図書を，また田中（2021）がNPO の立場からコロナ禍での困難や課題について考察した図書を刊行するなど，広く社会的問題全体を扱った図書も増加してきているのが特徴です。

　以上これまでの外国人児童生徒と学校をめぐる研究や図書などを概観してお気づきと思われますが，心理学領域の図書が見当たりません。特に，編者は臨床心理学を専門としています。学校現場で出会うことの多い外国人児童生徒について，彼らの心の健康支援や学校生活での不適応の問題などはもっと扱われてもいいはずですが，残念ながら皆無の状態です。あるいは外国人の児童生徒が増加し，多国籍化，多言語化してきた日本の公教育場面における学級経営や教室文化のあり方などがもっと心理学の立場から提言されてもよいはずです。しかし，残念ながら，研究や図書は極めて乏しい現状にあります。

Ⅲ　本書の意図するところ
──彼らの生涯を見通したウェルビーイング向上のために

　本書は，上述したような流れの中から心理学者が集い刊行を計画したもので，大きく以下の 3 点を柱としています。

①彼らの学校生活における満足感の実態とウェルビーイング向上
　これについては，基礎研究の結果および現場での心の健康を中心とした支援実践事例などを通して具体的に描きます。
②発達障害児として扱われることも多い，彼らの不適応（に見える）状態を適切に測定するための心理学的方法
③多様化した学校現場での教室文化のあり方

　①については，2003 年以降日本人児童のウェルビーイングに関して共同研究を実施してきたフィンランドでの調査や国際比較調査を紹介します。北欧の国フィンランドでは「子どもは国の宝」とされ福祉と教育に恵まれています。それゆえに，多くの移民が北欧諸国に流入することが社会的問題となっています。そのような国で，外国人児童はどのような学校生活を送っているのだろうか，という疑問から現地調査を実施しました。これらの調査研究をもとに彼らのウェルビーイング向上に必要なことを読者皆様と考えたいと思います。
　また長くフィンランドに在住し学校教育に携わっている心理学者竹形理佳氏のご協力により，2019 年から続く COVID-19 のパンデミック下における外国人児童の生活について，現地報告として掲載しております。
　②については，発達障害圏とされる児童の増加に伴い，外国にルーツをもつ児童においても，発達障害なのか，異文化の影響なのかと迷う事例が少なくありません。適切なアセスメントと支援は大切な課題であり，本書でも最新の心理学からの知見を提供したいと思います。
　③については，彼らを取り巻く教室環境そのものへのアプローチという新たな視点の大切さと，いかに支援するかについての提言を行いたいと思います。

　2021 年 9 月の日本学校心理学会では「外国人児童における日本の学校生活を考える」というシンポジウムが開催されました。遅ればせながら，心理学の学会レベルでも彼らのウェルビーイングを考える気運が高まってきたのでは，と期待しております。
　本書には外国人児童生徒の学校生活と幸せについて考えていただくきっか

けになれば，という願いが込められております。彼らの実際の学校生活での
つまずきや悩みを事例で紹介し，それに対する心理学の視点からの支援につ
いても章立てし，より具体的に考えていただけるような工夫もしております。

　本書の刊行にあたっては，外国人児童生徒に関する心理学関連の図書が乏
しいことを懸念されていた遠見書房の山内俊介社長との意気投合の賜物であ
り，多大なご指導とご協力をいただきましたこと，記して深く感謝申し上げ
ます。

　本書が，これからも増えてゆくであろう外国人児童生徒の生涯の幸せにど
こかで繋がるとしたら，筆者一同望外の喜びです。

▌IV　本書の用語について

本書で扱う「外国人児童生徒」について

　本書のタイトルにおいて「外国人児童」「外国にルーツをもつ子ども」「外
国人の子ども」「ニューカマーの子ども」など複数の案がありました。多くの
研究や図書でも用語に関する苦労が見て取れます。「外国籍児童」とすると，
日本国籍として生まれた子どもの中にも日本語教育を必要とする外国にルー
ツをもつ子どもが増加している現状があります。「外国人の子ども」とすると
「外国人」の定義が問題となります。「ニューカマー」とは1980年代以降に
日本へ渡り長期滞在する外国人を指す，とされており，現在の学校教育では
ニューカマーとして来日した外国人の孫世代に相当する子ども，すなわち，
日本国籍で日本人の子どもが学校現場では「外国人の子ども」として対象に
なることもあります。

　日本人とひとくくりにできない多様化社会となりつつある中であえて「外
国人の子ども」と表記することに若干の居心地の悪さがないわけでもないの
ですが，本書の目的を明確にするために，本書のタイトルは「外国にルーツ
をもつ子ども」とし，文章中では「外国人児童生徒」を原則表記とし，各章
において必要に応じて別の呼称を用いています。

「ウェルビーイング」の概念について

　ウェルビーイングとは多義的な概念で，一般的には日本語では「幸福」と
訳されることが多い用語です。筆者らの研究では，Dienerら（2006）によ

る「肯定的なものから否定的なものまで，人々が自分の生活について行うあらゆる評価と，人々が自身の経験に対して示す感情的反応を含む良好な精神状態」という定義に基づき，自尊感情や精神的な健康度に関する主観的評価のみならず，身体的な健康度や家族・友人との関係に対する評価，学校生活の満足感などの側面を含むこととして研究を進めました。なお章によっては，目的によりウェルビーイングもしくは「幸福感」という用語を区別して用いています。

本書における事例について

本書では各章の冒頭で，その章に関連する事例を紹介していますが，すべての事例は筆者らのこれまでの学校臨床経験をもとに作成した架空の事例（名前も架空）であることをお断りしておきます。

編者　松本真理子
野村あすか

文　　　献

Diener, E., Lucas, R. E. & Scollon, C. N. (2006) Beyond the hedonic treadmill: Revising the adaptation theory of well-being. American Psychologist, 61(4); 305-314.

菊池聡（2021）学級担任のための外国人児童指導ハンドブック．小学館．

毎日新聞取材班編（2020）にほんでいきる．明石書店．

宮崎幸江編（2014）日本に住む多文化の子どもと教育―ことばと文化のはざまで生きる．上智大学出版．

森田京子（2007）子どもたちのアイデンティティー・ポリティックス―ブラジル人のいる小学校のエスノグラフィー．新曜社．

文部科学省（2019）外国人児童生徒受入れの手引 ［改訂版］．明石書店．

OECD(2015)Immigrant Students at School:Easing the Journey towards Integration（布川あゆみ・木下江美・斎藤里美監訳（2017）移民の子どもと学校―統合を支える教育政策，明石書店）．

齋藤ひろみ編（2011）外国人児童生徒のための支援ガイドブック―子どもたちのライフコースによりそって．凡人社．

志水宏吉・清水睦美（2001）ニューカマーと教育―学校文化とエスニシティの葛藤をめぐって．明石書店．

田中宝紀（2021）海外ルーツの子どもと支援―言葉・文化・制度を超えて共生へ．青弓社．

目　　次

第1部 子どもたちの学校生活は幸せだろうか
──日本語能力・ウェルビーイング・国際比較

第2部　外国にルーツをもつ子どもたちを支える

第 1 部
子どもたちの学校生活は幸せだろうか
日本語能力・ウェルビーイング・国際比較

第1章

保護者の描く子どもの未来
──子どもの幸福を願う親の心

松本真理子

■ 事例「家族の夢は日本定住と一軒家, ケントの夢はサッカー選手」

　ケントは 10 歳，公立小学校 4 年生の元気な男の子。きょうだいは， 3 歳上に公立中学校に通う姉，同じ小学校の特別支援学級に通う 2 歳下の弟，それに 3 歳になる妹の 4 人兄弟。それと両親の 6 人家族，2DK の公営団地に住んでいる。両親はケントが 5 歳のときに母国から日本のこの地域に引っ越してきた。両親ともに少し離れた地域の工場に勤務しており，朝は早くから夜も帰りが遅いし，父親は夜勤がある。食事の支度や，洗濯などは，姉とケントが分担することも多い。団地の住民は多くが同じ母国からの家庭で，皆家族のように交流し，学校から帰ると，同じ団地の友人宅へ遊びにいって夕食を食べさせてもらったり，休みの日には何家族もそろって公園でバーベキューをすることも多い。

　ケントは難しい日本語の勉強と学校の授業以外は現在の生活が気に入っている。学校での楽しみは昼休みの友達とのサッカーとおいしい給食。ケントは 5 歳までは母国語を話していたが，まだ十分自分の意志を伝えるほどに母国語も上達しないまま来日し，日本語も上達していない。先生に日本語で話すように指示されると自分の考えを伝えられず困惑することがしばしばある。両親ともに日本語での細かいやりとりは苦手で，家庭内では母語で会話している。家庭で一番日本語が上手なのは姉であり，学校からの連絡や手紙は姉が通訳している。弟は，落ち着きがない，他児とのケンカが多い，日本語がほとんどできないなどの理由により小学校入学時から特別支援学級に通っているが，弟は気にする様子もなく明るく，毎日遊びに熱中している。

　ケントの両親の願いは，一生懸命働いてお金をためて，一軒家に転居することである。そして，母国よりも安全で住みやすい日本に永住して，子ども

たちにはできるだけ高学歴を身につけさせたいと考えている。特にいちばん優秀な姉には大学まで進学して将来は学校の先生になってほしいと思っている。ケントにも高校は卒業して，専門的な技術を身につけられる専門学校などに進学して日本で良い企業に勤め，幸せな家庭を築いてほしいと思っている。特別支援学級に通う次男も，できるだけ高学歴になるようにと願っていることは，担任にいつも伝えている。ケントの両親は，母国で中学校を卒業してから，職を転々として苦労した経験がある。また日本で安定した良い職を得るには，学歴が重要であることを知っている。だから子どもたちにはできるだけ高学歴を身につけさせてあげたいと願っている。

　そのような理由から，教育熱心なケントの両親は学校の先生を信頼して何でも指示通りに対応するように努力している。ケントの住む地区の外国人家庭では，いずれ一軒家に転居すること，子どもに高学歴を身につけさせ日本で安定した良い仕事に就くことを願う家庭が多い。そうすることが，自分たちが母国で過ごした子ども時代や青年期よりも幸せな人生になるに違いないと考えているようだ。

I　はじめに

　わが子の未来に思いを馳せ，幸せな生涯を願うのは世界中の多くの親の姿です。

　日本に在住する外国人の親ももちろんいうまでもありません。わが国では1990年の出入国管理及び難民認定法の施行に伴って，家族とともに来日し，日本の公立学校に通う外国人の児童生徒が急増した結果，教育の現場では日本語教育が何よりも大きな課題となってきました。一方で，ケントの両親のように日本での定住を希望する外国人家庭は特に2000年以降に急増しているといわれています。それまでは，日本語教育を何よりも重視して対応していたところに，定住，すなわち，子どもたちの日本での生涯のウェルビーイングを視野に入れた教育を考える必要性が高まっていると考えられます。

　ところで，わが国における公立小・中学校および高等学校に在籍する日本語指導を必要とする外国籍の児童生徒数は約47,000名（文部科学省，2022）です。日本国籍を有して外国にルーツをもち日本語指導を必要とする児童生徒も増加しており，その点では，厳密な人数の把握は難しい状況にあります

が，いずれにしても，この10年間だけでも相当の増加傾向にあることは確かです。人数の増加だけでなく，多国籍化も進んでおり，母国語についても，ポルトガル語，タガログ語，インドネシア語，スペイン語や中国語をはじめ世界各国語にわたっている現状にあります。筆者の在住県は全国的にみても外国人の子どもが突出して多い県ですが，中には，全校児童のうち外国人児童が6割を超えて在籍し，特別支援学級に在籍する児童のうち9割を外国人児童が占めるという小学校もあります。このような学校を訪れると，教室では日本人児童を探すのに時間がかかり，校庭では元気にサッカーに興じている外国人児童が目立っています。

　わが国の教育現場では相変わらず日本語指導や生活面・学習面での指導の模索に重点を置かざるを得ない状況といえます。また，研究においても外国人の児童生徒が，自分自身や自分を取り巻く環境をどのように捉えているのかや幸福感を心理学的な観点から検討した研究は多くありません。一方，外国人児童生徒の日本語習得度は，教師との関係や学校生活への満足度といった学校適応感や，不安や孤独感といった精神的健康度や行動上の問題としてのひきこもりなどと関連があることも報告されています（掛札・鄭ら，2003；朝倉，2005；杉岡，2007；金山，2014）。彼らの日本語能力や日本語教育のみでなく，それに付随する人間の成長において精神的健康が重要であることはいうまでもないことと思われます。

　本章では，子どもたちの家庭環境について，保護者を対象とした調査を紹介したいと思います。ここでは，保護者の描く将来の生活，子どもへの期待と子育てにおける価値観などについてのわれわれの調査結果を紹介します。調査結果の分析において，日本語能力の程度が，彼らの学校生活の満足度やウェルビーイングに影響しているであろう，という仮説から，分析は日本語能力による群分けをしています。日本語能力の群分けは以下の3つのレベルで，担任に評価してもらいました。

　水準の1と2を日本語能力未熟群（以下，未熟群）とし，水準3を日本語能力上達群（以下，上達群）としています（表1）。次章以降の日本語能力の群分けも同一基準であり，未熟群・上達群という名称を原則としています。

表1　外国人児童における日本語能力の水準

水準	分類基準	本研究における区分
1	当該学年教科書は困難で，個別の日本語指導がかなり必要。会話はできるが授業はついていけない。	（日本語能力）未熟群
2	1と3の中間程度の日本語能力。基本は当該学年教科書であるが，何らかの個別指導や取り出し授業による指導を行っている。	
3	当該学年の教科書（国語）を使用し，通常学級で個別支援なく授業可能。	（日本語能力）上達群

II　調査方法

1．調査対象保護者

　調査方法としてはA県内において外国人児童在籍数が上位10位以内に入っている小学校5校の4～6年生児童の保護者1,096名（日本人809名, 外国人287名）を調査対象としました。なお比較対象として日本人児童の保護者にも協力してもらいました。保護者への調査は，質問紙を封筒に入れて児童が持ち帰り，質問紙の説明を読んで同意した保護者のみ回答してもらい，中が見えないように封筒を糊付けして，児童を経由して学校で回収しました。質問紙には，調査目的，結果は統計的に処理され個人が特定されることはないこと，および回答を拒否する権利があることを記載しました。また，差し支えない場合には，児童名を記載してもらいました。

　質問紙は日本語版，ポルトガル語版，タガログ語版を作成し自由に選択して回答してもらいました。その結果，920名（回収率83.9％）から回答が得られ，日本語版743名，ポルトガル語版133名，タガログ語版44名でした。このうち，児童名の把握が可能で，児童が外国人であるのか日本人であるのか把握でき，かつ外国人の場合には日本語能力の程度が把握でき最終的に分析対象となったのは590名でした。内訳を表2に示します。

2．調査内容

　質問紙は表3に示した6項目でした。なお，本調査の実施手続きについては，名古屋大学大学院教育発達科学研究科研究倫理委員会の承認を得た後に実施しています。

表2　対象保護者内訳

	人数
日本人児童保護者	424
未熟群保護者	91
上達群保護者	75
計	590

表3　調査内容

1　日本滞在月数	年月を記入
2　家庭での使用言語 （複数選択可）	①日本語　②母国語　③その他
3　将来の居住予定	①できればずっと日本に住みたい ②いずれ母国に帰国予定 ③日本人であり将来も日本に住む ④分からない・決めていない
4　中学校卒業後の進路	①日本の高校に進学させたい ②日本で就職させたい ③母国へ帰国して進学・就職させたい ④分からない　⑤その他（　　　）
5　子育てにおいて大切にして いること（3つまで選択）	①マナーや礼儀　②学校の勉強 ③経済的な負担が少ないこと　④家の手伝い ⑤将来高校や大学まで行くこと ⑥早く就職すること　⑦日本語を覚えること
6　自由記述	

Ⅲ　結　　果

1．日本滞在月数

　表4に滞在月数を示しています。日本人児童は，年齢相当月数が滞在月数になっており，平均131カ月（SD15.5），未熟群は88カ月（0カ月〜147カ月），上達群は149カ月（25カ月〜149カ月）であり，日本語能力の上達群は，未熟群よりも統計的有意に，長期間日本に滞在していることが明らかになりました。すなわち，日本滞在期間の長さが，子どもの日本語能力にも影響していることが示されています。

表4　滞在月数

	平均値	*SD*
未熟群	88	47.42
上達群	149	32.95
日本人児童	131	15.49

＊日本人児童の滞在月数は児童誕生後の月齢

表5　家庭での言語

	日本語のみ	母国語のみ	日本語と母国語
未熟群	7%	82%	11%
上達群	35%	45%	22%

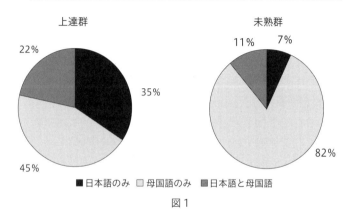

図1

2．家庭での言語

　表5は外国人児童の家庭における使用言語を示しています。日本語のみを使用する家庭は，未熟群で7％であったのに対して，上達群では35％と顕著に多く，また日本語と母国語の両言語を使用する家庭は，未熟群で11％であったのに対して上達群では22％でした。この結果からは，子どもの日本語能力が高い群の家庭では，日本語を積極的に使用する家庭が多いことを示しており，学校での日本語の生活と家庭環境の言語上の一貫性が特徴であるといえます。

　一方，上達群の子どもたちにおいては，彼らが母国語を使用する機会が生活においても乏しくなっていることが予想されます。将来母国に帰国したり，

母国の人々と交流する，あるいは母国の文化を理解する，などにおいて苦戦する可能性も示唆されるものと考えられます。彼らが自分自身の生き方や将来に目が向く思春期にさしかかり，また自己のアイデンティティを模索する年代になって，母国語の喪失は少ならずアイデンティティの形成に影響するのではないかと思われます。これについては，江原・二井（2017）が，家庭のコミュニケーション言語によっては母語喪失の可能性があり，それに伴う，親子のコミュニケーションギャップ，感情的な断絶，家庭文化に安らぐことができない，学校でも主流の文化の中に入っていけない，などが問題になると述べ，家庭での母語教育が重要であると述べています。

　学校生活と家庭とのスムーズな移行を考えると，家庭では母語のみでなく日本語でのコミュニケーションの機会も必要ではないかと考えられますが，これについては，家庭の将来計画や親の日本語能力の程度などを含み，総合的な検討と支援が大切であり，日本の現状では一概に家庭での使用言語環境に正解はないようにも思われます。

3．将来の居住予定

　表6は将来の居住予定の結果を示しています。将来について「できればずっと日本に住みたいと思っている」「いずれ母国に帰国する予定である」「日本人であり，将来も日本に住む予定である」「分からない・決めていない」からの選択としたところ，日本への定住希望が未熟群で79%，上達群で83%と両群ともに高率で多くの家庭が日本への定住を希望していることが明らかになりました。2000年以降，滞日の長期化や多国籍化が進んでいると言われており，異文化教育学会の研究動向においても，2009年以降に子どもたちの進路やキャリア形成についての研究が増加していますが，背景にはこうした長期定住家族の増加があると思われます。また小島（2017）も定住化傾向の指摘とともに，日本生まれの外国人児童生徒の増加に注目しています。つまり，定住化が進み，日本で生まれた外国人児童生徒ですが，ネイティブ日本人とは異なり，日本語指導を必要とする子どもたちが多い，すなわち日本国籍でも日本語を話せない子どもたちが増加していることを指摘しています。それに関連して，宮島（2017）は滞日外国人の約5割が永住者資格を取得していることを指摘し，日本国籍であっても背景には多様な外国にルーツをもつ子どもたちが在住しており，多様な進路を考えることの重要性を述べ

表6　将来の予定（日本語能力別）

	日本人児童		未熟群		上達群	
	n	%	n	%	n	%
①できればずっと日本に住みたいと思っている	104	24.5	70	76.9	47	62.6
②いずれ母国に帰国する予定である	0	0.0	9	9.9	2	2.7
③日本人であり，将来も日本に住む予定である	305	72.0	2	2.2	15	20.0
④わからない	9	2.1	9	9.9	9	12.0
（重複回答）	6	1.4	1	1.1	2	2.7
合計	424	100.0	91	100.0	75	100.0

ています。

　また調査を実施した地域の中には，外国人の集住地域として集合住宅に住む家庭も多いのですが，彼らから，日本で一生懸命働き，近隣に持ち家を建てて転居することがステータスであり夢であるということを聴くことはむしろ日常的ともいえます。日本に定住して，子どもたちに日本の教育を受けさせて，日本で親よりも良いとされる職業に就くこと，そして子どもも幸せに暮らすことが夢であることがうかがわれます。

　こうしたことからも，外国人の子どもたちにおいて日本での学校生活の満足度や幸福感に目を向け，彼らのウェルビーイングを教育の中で考えることは，大切な課題であるように思われます。

4．中学卒業後の進路希望

　表7は中学校卒業後の進路希望の結果を示しています。結果は，未熟群の89％，上達群の93％と両群ともに多くの保護者が高校進学を希望していることが示されました。次の質問である「子育てにおいて大切にしていること」の選択結果にも示されているように，子どもの日本語能力にかかわらず，外国人の家庭では，日本での高い教育を重視し，そのために子どもに勉強させたい，という熱意が感じられる結果となっています。こうした結果を見るにつけ，日本の学校においてはこうした外国人家庭の希望に応えることも大きな課題となっているように思われます。

表7　卒業後の進路（括弧内は％）

	日本の高校	日本で就職	母国で進学か就職	未定
未熟群	81(89.0)	0	2(1.2)	6(6.6)
上達群	70(93.3)	2(2.7)	0	3(4.0)
日本人児童	411(97.4)	1(0.2)	0	10(2.4)

5．子育ての価値観

　表8は子育てにおいて大切にしている事柄を示しています。子育てにおいて大切にしていることを外国人家庭の中心的関心事である7項目から3つまで選択してもらいました。この7項目は調査対象とした小学校教員に対して，外国人保護者が日頃子育てで大切だと思っていることを聞き取り調査した結果を参考にしています。結果について「学校の勉強」は，日本人保護者と上達群の保護者が未熟群に比して統計的有意に，大切にしていることが示され，一方，未熟群では「日本語を覚えること」が有意に多く示されています。また，「将来，高校や大学まで行くこと」は，未熟群，上達群ともに日本人児童保護者よりも有意に多くの保護者が大切にしていることという結果が示されています。さらに興味深いことに，「家の手伝い」は，むしろ日本人保護者の方が有意に大切にしたいこととして挙げています。日本人家庭では「高校や大学の進学」は「当たり前のこと」と考えられていること，そして外国人家庭ではそれが,「特別な努力」を必要とすることを物語っているように思えます。外国人の保護者がわが子の将来を描くとき，日本での定住と幸せな暮らしは，高い教育と高学歴によって得られると信じていることが示唆される結果といえます。

　以上の結果をまとめると，日本語の程度にかかわらず，多くの外国人の子どもたちの家庭では，日本での定住を希望し，日本の高校あるいは大学への進学のために勉強する環境に高い関心があることが示されました。日本語の能力による相違点では，家庭で日本語が使用されているかどうか，という点において，未熟群の家庭では母語使用が中心であること，また子育ての価値観として，上達群は「勉強」を選択したのに対して，未熟群は「日本語を覚えること」と相違が認められたことです。同時に両群ともに「高校・大学への進学」を子育ての価値として選択しており，そのための準備，という点で

表8　「子育てをするうえで大切なこと」に関する回答のクロス集計表（一部）

	未熟群	(%)	上達群	(%)	日本人児童	(%)	χ²	Cramer's V
①マナー・礼儀	82	(90.1) -**	71	(94.7)	413	(97.4) +**	10.57**	0.13
②勉強	40	(44.0) -**	47	(62.7)	327	(77.1) +**	41.68***	0.27
③経済的負担が少ない	11	(12.1)	8	(10.7)	64	(15.1)	1.38	0.05
④家の手伝い	9	(9.9)	11	(14.7) -*	122	(28.8) +**	18.77***	0.18
⑤高校や大学への進学	71	(78.0) +**	60	(80.0) +**	141	(33.3) -**	100.16***	0.41
⑥早く就職する	0	(0.0)	1	(1.3)	3	(0.7)	1.11	1.11
⑦日本語を覚える	60	(65.9) +**	20	(26.7) +**	4	(0.9) -**	270.03***	0.68

** $p < .01$，　*** $p < .001$

注）＋（期待度数以上）および-（期待度数以下）は調整済み残差の分析結果を示す。
注）クロス集計表の一部（各項目において「大切」と回答した人数とその割合）を記載した。

は共通していることが示唆されます。この結果に関連して，OECD（2015）10カ国の移民の親への調査結果から，ベルギー，ドイツ，ハンガリー，香港においては，移民を背景にもたない親よりも，移民を背景とする親の方が，子どもの高等教育修了資格取得への期待が大きいことを報告しています。背景には当該国において経済的条件の向上とより良い暮らしとの関連があり，筆者らの調査と同様の結果を示しています。

　谷渕（2009）によると，日系ブラジル人の保護者は日本人の保護者よりも高学歴志向であり，大学院まで進学してほしいと考える者も多いと報告しています。筆者らの調査においても，外国人の子どもたちの保護者が高学歴志向であることを裏付ける結果が得られました。一方，日本の現状では全日制普通高校に進学を希望しても日本語能力の面などから希望がかなわない外国人の児童生徒がいまなお多いことも事実です。自治体によっては，外国人生徒のための特別入試や特別枠を設ける制度も進んでいますが，本調査の結果に見られる多くの保護者や子どもたちの希望を叶えるには不足しています。その結果，進学を諦める場合も少なくないはずです。将来，日本に定住し，

特別支援学級での授業，1名を除く全員が外国人児童

キャリア形成を目指す外国人の児童生徒の生涯の幸福やウェルビーイングを考える上でも，義務教育から高校・高等教育への繋ぎは日本語教育とともに，取り組むべき大きな課題であると考えられています。

付　　　記
　本章調査はじめ本書で紹介する2章から8章の諸調査にご協力いただきました，日本の小学校児童皆様，保護者皆様と教職員皆様に深く感謝申し上げます。
　本章の一部は『野村あすか・松本真理子・鈴木伸子・稲垣美絢・坪井裕子・森田美弥子（2019）日本における外国人児童のウェルビーイングに関する研究―日本語能力との関係から．学校メンタルヘルス，22(1); 60-70.』より引用しています。

文　　　献
朝倉隆司（2005）日系ブラジル人児童生徒における日本での生活適応とストレス症状の関連―愛知県下2市の公立小・中学校における調査から．学校保健研究，46(6); 628-647.
江原裕美・二井紀美子（2017）家庭における言語の選択．In：荒牧重人・榎井縁・江原裕美・小島祥美・志水宏吉・南野奈津子・宮島喬・山野良一編：外国人の子ども白書―権利・貧困・教育・文化・国籍と共生の視点から．明石書店，pp.71-73.
掛札綾・鄭仁豪（2003）日本における日系ブラジル人生徒の学校生活適応に関する研究―

適応感と対処行動による検討．留学生教育，8; 79-110.

金山聖菜（2014）在日ブラジル人児童の心理適応（1）─集住地区と散在地区の比較．金城学院大学大学院人間生活学研究科論集，14; 21-28.

小島祥美（2017）日本で生まれ育つ外国人のこどもたち．In：荒牧重人・榎井縁・江原裕美・小島祥美・志水宏吉・南野奈津子・宮島喬・山野良一編：外国人の子ども白書─権利・貧困・教育・文化・国籍と共生の視点から．明石書店，pp.25-26.

宮島喬（2017）外国人と外国につながる子どもたちのいま．In：荒牧重人・榎井縁・江原裕美・小島祥美・志水宏吉・南野奈津子・宮島喬・山野良一編：外国人の子ども白書─権利・貧困・教育・文化・国籍と共生の視点から．明石書店，pp.16-50.

文部科学省（2022）日本語指導が必要な児童生徒の受入状況等に関する調査結果の概要．https://www.mext.go.jp/content/20220324-mxt_kyokoku-000021406_02.pdf

OECD 編（2015）Immigrant Students at School: Easing the Journey Towaeds Integration.（布川あゆみ・木下江美・斎藤里美監訳（2017）移民の子どもと学校─統合を支える教育政策．明石書店．）

杉岡正典（2007）滞日日系ブラジル人親子の進路意識と学校適応感との関連─地域間および学校間比較を中心に．広島大学大学院教育学研究科紀要第三部，56; 263-272.

谷渕真也（2009）滞日日系ブラジル人の学校適応，親子関係及び地域参加に関するコミュニティ心理学的調査─同一地域の日本人親子との比較を中心に．広島大学大学院教育学研究科紀要第三部，58; 183-192.

QOL（クオリティ・オブ・ライフ）にみる学校生活の満足感

——心理学的質問紙から見えること

野村あすか

■ 事例「エリカの学校生活：日本語の習得と心の発達は何をもたらしたのか」

　エリカは11歳，公立小学校5年生の女の子。2年生の春に，父親の仕事の都合で母国から来日し，3年が過ぎた。家族は父親，母親，エリカ，小学3年生の妹，4歳の弟の5人であり，賃貸のアパートで暮らしている。エリカの住む地域は，外国人の集住地域にはあたらない。しかし，隣接する地域には外国人の多く暮らす公営団地があり，近年，その団地から移り住む人たちが増えつつある。エリカの通う小学校では，現在，外国にルーツをもつ子どもたちが2割ほど在籍している。

　エリカは来日当初，日本語がほとんど分からない状態であり，小学校では取り出しで日本語の個別指導を受けていた。幸いにも，日本語指導の先生が熱心にエリカに付き添い，エリカとの関係を築くことを大切にしながら日本語や日本文化の基礎を教えてくれたこと，そしてエリカ自身が何事にも明るく前向きに取り組む性格であったことから，会話のために必要な日本語は順調に身についていった。家庭においても，当初は母語での会話が中心であったが，両親が日本語習得に積極的に取り組んでいたために，子どもたちもその影響を受け，現在は母語と日本語を織り交ぜながら会話している。ときどき両親に怒られたり，きょうだいげんかをしたりすることはあるものの，基本的に家族の仲はよく，家庭での生活はエリカにとって居心地のよいものになっている。

　学校ではこれまで，持ち前の明るさを活かして特に大きな問題なく過ごしてきた。日本語がわかるようになってきた頃から，学校生活も楽しくなって

きたとエリカ自身は感じている。ただ，学年が上がるにつれて，勉強は難しくなってきた。図工や音楽，体育といった実技教科にはのびのびと取り組めるものの，国語や算数は理解が追いつかないことも増えてきている。テストの点数も良いとはいえず，もどかしさを感じているし，エリカに期待しているがゆえに勉強に厳しい一面もある父親から，また何か言われはしないかと心配になることもある。担任の先生は，クラスに他にも日本語の理解が不十分な子どもたちがいることに配慮して，授業中にさりげなく指示を繰り返してくれたり，簡単な言葉に言い換えたりしてくれたりする。エリカのことも細やかにみてくれているが，先生から『大丈夫？』と声をかけられると，エリカは反射的に「大丈夫」とうなずいてしまう。「わからない」という意志を伝えることそのものはできるのだが，授業中に先生から個別に関わってもらうことで，周りから注目されることの方が気になるようになってきたためである。

　友達とのかかわりについては，母語が同じ子と話をしたり，家の近くに住んでいる子と仲良くなったり，何かと面倒見のよい子に助けてもらったりしながら過ごしてきた。ときどき男の子から，エリカの見た目や話し方をめぐってちょっかいをかけられたりするものの，言い返したり追いかけ回したりすることはできたし，そうして注目されている時間も悪くはないなと感じてきた。ただ，日本語の理解力が伸び，また成長とともに自分がどう見られているのかを意識し始めたエリカは，周りの女の子グループの視線や話し声が気になってときどき怖さを感じたり，自分はやはり，他の子たちと比べてどこか変わっているのだろうなと考えたりするようにもなってきている。

Ｉ　はじめに

　1章でも述べられたように，公立学校に在籍する日本語指導を必要とする外国人児童生徒数は増加の一途をたどっています。わが国の教育現場では，学校適応や授業参加への基礎力をつけるための文字・表記・語彙・文法の指導，教科の補習，生活上必要な日本語を優先的に習得させることなど，日本語指導に関するさまざまな実践が行われてきました（文部科学省，2022）。そのような指導の結果，外国人児童生徒の日本語の理解力や表現力が向上し，自信をもって学校生活を送ることができるようになるなど，学校適応にもよ

い影響をもたらすことは想像に難くないでしょう。一方で，日本語の理解力や表現力のレベルがさまざまである外国人児童生徒が，自分自身や自分を取り巻く環境をどのように捉えているのかを心理学的な観点から検討した研究は，1章で紹介されたように散見されるものの，まだ多くはありません。また，これまでの調査研究を概観すると，日本語能力の程度を児童生徒自身が評価しているものが多く認められ，評定の客観性が担保されていないという問題が浮かび上がってきました。さらに，外国人児童生徒の心理的側面をより詳細に明らかにするためには，アンケートの文章を読んで答えるというような言語を介した方法のみならず，絵を描いてもらうなど，言語的な負荷のより少ない方法も取り入れていく必要があることもみえてきました。

　そこで今回の調査では，学級担任の先生が評定する日本語能力の水準と，外国人児童のウェルビーイングとがどのように関連するのかを，日本人児童との比較も踏まえて明らかにしていきたいと考えました。「ウェルビーイング」は多義的な概念ではありますが，今回は，Diener ら（2006）による「肯定的なものから否定的なものまで，人々が自分の生活について行うあらゆる評価と，人々が自身の経験に対して示す感情的反応を含む良好な精神状態」という定義を参考にしました。すなわち，今回の調査では，自尊感情や精神的な健康度に関する主観的評価のみならず，身体的な健康度や家族・友人との関係に対する評価，学校生活の満足感などにも焦点を当てることにしました。

　本章では「小学生版 QOL 尺度」（柴田ら，2003）からみえてきた外国人児童のウェルビーイングの様相についてまとめます。同尺度を外国人児童生徒に用いた研究としては，蒋田ら（2011）によるものがあります。この研究では，外国人児童生徒は日本人児童生徒に比して自尊感情が高く，学校生活の満足感が低いことが明らかにされましたが，外国人児童のサンプル数が少なく，日本語能力との関連も検討されていません。そこで，今回改めて，外国人の集住する地域において大規模なデータを収集し，現状を把握することにしました。

　なお，外国人児童の定義は研究や実践によってさまざまであり，特定の国籍を有する児童を対象としている場合もあれば，「外国にルーツをもつ子ども」というように，より幅広い対象を含んだ表現がなされている場合もあります。今回の調査では，調査対象地域における外国人児童の国籍がさまざまであること，児童に対して国籍を直接的に尋ねることが現実的に難しいこと，

さらには学校側も国籍に関する詳細な情報は把握していないことに留意する必要がありました。すなわち，学校側が外国人児童であると判断して教育上の対応を行っている児童が，外国人児童であるということになります。したがって，今回の調査では「国籍に関わらず，両親またはそのどちらか一方が外国にルーツをもつ，すなわち外国出身者であることを学校側が把握している児童」を外国人児童と定義しました。

II　調査方法

1．調査協力者

全国で最も外国人児童生徒数の多いA県内において，小学校5校に調査を依頼しました。この5校はいずれも，調査時点での外国人児童在籍数が県内の上位10校以内に入っていた小学校です。小学校4〜6年生の児童1,096名（日本人児童809名，外国人児童287名）より，調査への協力を得ました。

2．調査内容

児童のQOLの様相を把握するために，柴田ら（2003）が開発した「小学生版QOL尺度」を用いました。これは児童自らが記入する質問紙であり，ドイツで開発されたKid-KINDL®(Questionnaire for Measuring Health-Related Quality of Life in Children, Revised Version for 8 to 12-year-olds)（Ravens-Siebererら, 2000）を日本語に訳して作成されたものです。「身体的健康」「精神的健康」「自尊感情」「家族」「友だち」「学校生活」の6領域に関する各4項目，計24項目があります。調査協力者の中に，日本語の習得途上である外国人児童等が含まれることを考慮して，教示文や質問項目はできるだけひらがなで表記し，漢字にはすべてルビを振りました。そのうえで，各項目について，「ぜんぜんない（1点）」〜「いつも（5点）」の5段階で回答してもらいました。分析にあたっては，柴田（2014）の採点法に基づき，各領域の合計得点を最高得点が100点，最低得点が0点になるように換算しました。6領域の合計得点についても同様の方法で換算し，「QOL総得点」としました。得点が高いほどQOLが高いということになります。

外国人児童の日本語能力水準の評定方法については，1章に示したとおり

です。以降の分析においては，日本語能力に基づいて，外国人児童を「未熟群」と「上達群」に分けました。

3．手続き

児童への調査は，2016 年 7 月〜 10 月に実施しました。事前に各学校の校長先生に対して，調査の概要について十分に説明をし，調査協力の同意を得ました。調査は学級単位で実施していただきました。質問紙には，調査の目的，学校の成績とは関係しないこと，調査の結果は統計的に処理され個人は特定されないこと，回答を拒否する権利があることを，小学生にもわかる言葉で記載するとともに，学級担任の先生からも，実施方法を記したマニュアルに基づき同様の説明をしていただきました。また，外国人児童等への配慮として，担任の先生が質問項目を読み上げながら進めていただくことと，日本語能力の面で配慮が必要な児童には適宜個別の対応をしていただくことをお願いしました。本研究の実施手続きについては，名古屋大学大学院教育発達科学研究科研究倫理委員会の承認を得ました。

III　結　　果

1．日本語能力水準からみた児童の QOL

1 章と同様の基準で，日本語能力によって外国人児童の群分けを行ったところ，未熟群が 162 名，上達群が 125 名となりました（表 1）。この 2 群と日本人児童 809 名の計 3 群において，QOL に違いが認められるかどうかを検討しました。

統計手法を用いた解析（一要因分散分析）の結果，QOL の 6 つの領域のうち，「精神的健康」（$F(2, 1059) = 5.08, p < .01$），「友だち」（$F(2, 1044) = 6.92, p < .01$）および「学校生活」（$F(2, 1068) = 9.69, p < .001$）において，有意な差が認められました（図 1）。詳しくみてみると，「精神的健康」と「友だち」については外国人児童のうち未熟群の得点が，日本人児童より

表 1　調査協力者の内訳

	未熟群	上達群	日本人児童	合計
人数	162 名	125 名	809 名	1,096 名

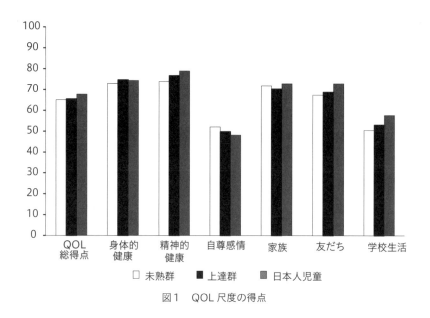

図1　QOL 尺度の得点

も有意に低いことがわかりました。また，「学校生活」については，未熟群と上達群の得点が，日本人児童よりも有意に低いことが明らかになりました。「QOL 総得点」および「身体的健康」「自尊感情」「家族」については，３群間に有意な差は認められませんでした。

2．「精神的健康」「友だち」「学校生活」における項目ごとの分析

　外国人児童と日本人児童との差が認められた「精神的健康」「友だち」「学校生活」については，より詳細に，項目ごとの分析を行うことにしました。その際，各項目に「いつも」と「たいてい」と回答されたものをまとめて「ある」に，「ぜんぜんない」と「ほとんどない」と回答されたものをまとめて「ない」に変換し，群（未熟群・上達群・日本人児童）×回答（ある・ない）でクロス集計表を作成して統計的検定（カイ二乗検定）を行いました。その結果を図２〜図４に示します。

　まず「精神的健康」（図２）については，いずれの項目においても 80％以上の児童が肯定的な回答をしていました。統計的に有意な差が認められたのは４項目のうち２項目であり，「わたしはたのしかったし，たくさんわらった」において，外国人児童のうち日本語能力未熟群に「ない」という回答が

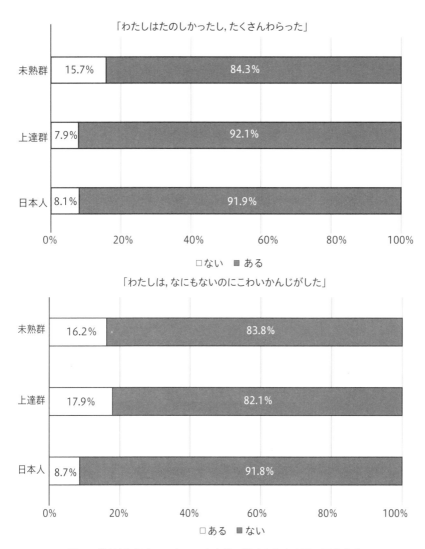

図2　「精神的健康」において有意差の認められた項目の回答内容

多く，「わたしは，なにもないのにこわいかんじがした」において，未熟群と上達群に「ある」という回答が多くなっていました。

　続いて「友だち」（図3）についても，半数以上の児童が肯定的な回答をしていましたが，群や項目によるバラツキもありました。統計的に有意な差が認められたのは4項目のうち2項目であり，「ほかのともだちはわたしのこと

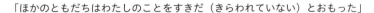

「ほかのともだちはわたしのことをすきだ（きらわれていない）とおもった」

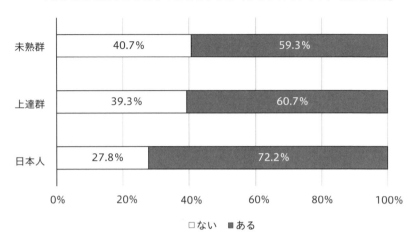

「わたしは，ほかのこどもたちにくらべてかわっているようなきがした」

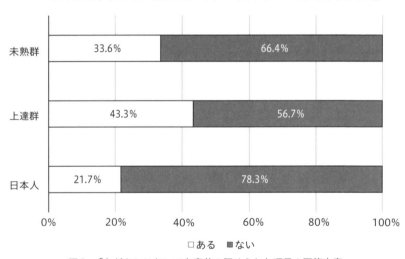

図3　「友だち」において有意差の認められた項目の回答内容

をすきだ（きらわれていない）とおもった」において，未熟群に「ない」という回答が多く，「わたしは，ほかのこどもたちとくらべてかわっているようなきがした」において，未熟群と上達群に「ある」という回答が多くなっていました。

　最後に「学校生活」（図４）については，項目によって回答の傾向が大きく

「べんきょうはかんたんだった（よくわかった）」

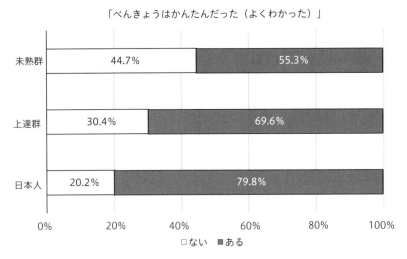

「わたしは，テストでわるいてんすうをとらないかしんぱいしていた」

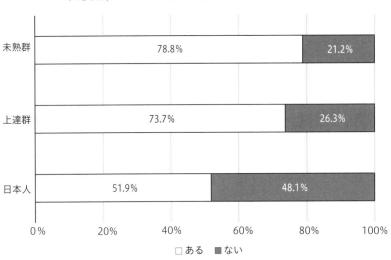

図4　「学校生活」において有意差の認められた項目の回答内容

異なるという結果となりました。統計的な差が認められたのは4項目のうち2項目でしたが，このうち「べんきょうはかんたんだった（よくわかった）」においては，半数以上の児童が肯定的な回答をしているものの，未熟群には「ない（簡単ではなかった）」という回答が多くなっていました。一方で，「わたしは，テストでわるいてんすうをとらないかしんぱいしていた」において

は，半数以上の児童が否定的，すなわちテストの点数の心配をしていたという回答をしており，特に未熟群と上達群に「ある（心配していた）」という回答が多くなっていました。

▌IV　QOL 質問紙を通じて見えてきたこと

　QOL に関する質問紙を通じて，外国人児童の特徴がいくつかみえてきました。まず，日本語能力の未熟な外国人児童は，QOL の領域のうち「精神的健康」と「友だち」の得点が日本人児童よりも低いことが明らかになりました。掛札（2004）は，日系ブラジル人生徒のうち適応感の低い群は，話したいことをうまく表現できない，友人と集団で話すときに話題についていけないなど，言葉の課題を抱えていることを明らかにしています。竹山・葛西（2007）においても，外国人児童の未熟な日本語能力が学級からの孤立を招いた事例が報告されています。今回の調査においても同様に，日本語の理解や表現の習得途上であると，精神的な健康度の低さや友人関係における満足感の低さを抱えやすいということが示され，彼らの心理的側面への配慮が必要であることが改めて浮き彫りになったと言えます。ただし，項目ごとにより詳しくみてみると，「わたしはなにもないのにこわいかんじがした」（精神的健康）や「わたしは，ほかのこどもたちとくらべてかわっているようなきがした」（友だち）では，日本語能力の未熟群のみならず上達群においても，「こわい」や「かわっている」と回答した児童が多くなっていました。とりわけ，上達群のうち半数近くが他の児童との差異を感じたことがあるという結果は，私たちが彼らの心を捉えるうえでの視座を与えてくれているようにも思われます。今回の調査対象となった小学校高学年の児童は，自分自身が周りからどのように見られているのかについて意識し始めるという発達段階に入ってきています。そうした心の発達と並行して日本語の理解が進む場合，目のみならず耳で捉える世界も大きく変わってきて，他者と比較した自分についてより強く意識をすることになるのかもしれません。

　続いて「学校生活」に関しては，蒔田ら（2011）と同様に，日本語能力の水準を問わず，外国人児童の得点が日本人児童よりも低いという結果が得られました。「学校生活」の項目には，学習の難易度に関する項目や（例：べんきょうはかんたんだった），成績評価への心配に関する項目（例：テストで

わるいてんすうをとらないかしんぱいしていた）などが含まれています。また，太田（2000）によると，外国人児童は，学校の中で教師や友人に自分の意志を伝え，相手を理解するための「社会生活言語」の習得には1〜2年，教科領域で思考するために使用される「学習思考言語」の習得には5〜7年を要するとされています。これらのことを踏まえると，今回の調査における上達群の児童の中にも，事例で示したエリカのように，社会生活言語はある程度獲得されているものの，学習思考言語の習得途上にある者が含まれていることが推測されます。彼らは授業における個別支援の必要性こそ低いものの，未熟群の児童と同様に，心理的には学習における不安を抱えているのかもしれません。したがって，そうした不安を汲み取りながら学習を支援する教師や周囲の大人の存在が，外国人児童のウェルビーイングの向上において重要になると言えそうです。

　最後に，今回の調査で有意な差がないとされた領域についても，少し触れておきたいと思います。「QOL総得点」および「身体的健康」「自尊感情」「家族」については，外国人児童と日本人児童との間に明確な差はありませんでした。身体が健康であること，そして家族の基盤が安定していることは，外国人児童であるか日本人児童であるかにかかわらず，ウェルビーイングにおける大切な要素となることがうかがわれます。また，自尊感情については，これまでの研究から，QOLの他の領域と比べて得点が低くなりやすいことや，日本の児童の得点が他国と比べて低いことが明らかにされてきました（古荘，2009など）。したがって，外国人児童であるか日本人児童であるかにかかわらず，児童の自尊感情をいかに支えるかについては，継続して検討することが求められるでしょう。今後も，外国人児童に特有の課題と，すべての児童に共通する課題の双方に目を向けながら，ウェルビーイングに関する研究を発展させていきたいと考えています。

　付　　記
　本章の一部は『野村あすか・松本真理子・鈴木伸子・稲垣美絢・坪井裕子・森田美弥子（2019）日本における外国人児童のウェルビーイングに関する研究—日本語能力との関連から．学校メンタルヘルス，22(1);60-70.』および『野村あすか・松本真理子・坪井裕子・鈴木伸子・垣内圭子・大矢優花・二宮有輝・稲垣美絢・森田美弥子（2017）日本における外国人児童のウェルビーイング（2）—日本語能力に着目したQOL．日本学校心理学会第19回大会発表抄録集, 95.』より引用しています。

文　　　献

Diener, E., Lucas, R. E. & Scollon, C. N.（2006）Beyond the hedonic treadmill: Revising the adaptation theory of well-being. American Psychologist, 61(4); 305-314.

古荘純一（2009）日本の子どもの自尊感情はなぜ低いのか―児童精神科医の現場報告．光文社新書.

掛札綾（2004）日系ブラジル人生徒のメンタルヘルスに関する研究―異文化要因の影響からみた学校生活適応におけるリスクファクターについて．こころと文化, 3(1); 67-72.

蒔田玲子・坪井裕子・鈴木伸子・野村あすか・丸山圭子・畠垣智恵・松本真理子・森田美弥子（2011）小・中学校における外国籍の子どものQOL．日本心理臨床学会第30回大会論文集，394.

文部科学省(2022)日本語指導が必要な児童生徒の受入状況等に関する調査結果の概要（速報）．https://www.mext.go.jp/content/20220324-mxt_kyokoku-000021406_02.pdf

太田晴雄（2000）ニューカマーの子どもと日本の学校．国際書院.

Ravens-Sieberer, U., Görtler, E. & Bullinger, M.（2000）Subjective health and health behavior of children and adolescents: A survey of hamburg students within the scope of school medical examination. Gesundheitswesen, 62(3); 148-155.

柴田玲子・根本芳子・松嵜くみ子・田中大介・川口毅・神田晃・古荘純一・奥山眞紀子・飯倉洋治（2003）日本におけるKids-KINDL® Questionnaire（小学生版QOL尺度）の検討．日本小児科学会雑誌，107(11); 1515-1520.

柴田玲子（2014）KINDL®の紹介．In：古荘純一・柴田玲子・根本芳子・松嵜くみ子編著：子どものQOL尺度　その理解と活用―心身の健康を評価する日本版KINDL®．診断と治療社，pp.7-11.

竹山典子・葛西真記子（2007）日本の公立小学校における外国人児童への心理的支援―取り出し指導と学級における支援からの一考察．カウンセリング研究, 40(4); 324-334.

描画に見る学校生活の実際
──動的学校画に描かれた友達・先生そして自分

森田美弥子

■ 事例「ジュンとロミ」

　A県内には外国人児童が多く在籍する小学校がある。そこで学校生活を送る児童の「動的学校画」（KSD：Kinetic School Drawing。「あなたが学校で何かしているところを描いてください。絵の中にあなたとあなたの先生，そして2人以上の友達を描いてください」と教示）を紹介する。

　以下に紹介する外国人児童のジュンとロミは，2人とも日本語はまだ上手ではないが，教室での自分と友達，先生との交流を描いている。

　ジュンは「ほうか（休み時間）に友だち2人とせんせい1人とはなしているとき」（本人が絵の裏に書いた説明）を描いた（図1）。この後「ほかの友だちが外からかえってきてる」とのことである。

図1　ジュンのKSD

図2　ロミのKSD

　ロミは「算数のじかん，友とスキルのなおしをだしている」という場面を描き（図2），この後は「ちゃいむがなて（なって）ほうかになる」とのことである。

Ｉ　はじめに──「絵」は口ほどにものを言う

　私たちは，自分が考えたり感じたりしたことを他者に伝えたいと思った時，多くの場合「ことば」を用います。ただし，常にそれが最善最適の方法とは限りません。「目は口ほどにものを言う」と言われるように，表情や態度で心のうちを表すこともありますし，色や形や音などの創作物で表現することもあります。しかも，それは意図的に「ことば」以外のもので表現することもあれば，知らず知らずのうちに自然と表現してしまっている，ということも少なくありません。この章では，描画（絵）を通して，日本で生活する外国人の子どもたちが表現した「こころ」に注目してみたいと思います。

ＩＩ　描画による外国人児童への調査

　2016年にA県の5校の小学校で調査を行いました。4年生から6年生の

日本人児童809名と外国人児童287名，計1,096名を対象として，「あなたが学校で何かしているところを描いてください。絵の中にあなたとあなたの先生，そして2人以上の友達を描いてください」と伝えて，A4サイズの画用紙に絵を描いてもらいました。描画後には，自分や先生はどの人物なのか絵の中に書き込みを，また，何をしているところか，このあとどうなると思うか，について画用紙の裏面に書いてもらいました。これは，動的学校画（KSD）といって，Prout, H. T. と Phillips, P. D. が1974年に考案・発表した描画法心理検査の手法です（Knoff & Prout, 1985）。臨床支援の場や児童・思春期の子どもたちを対象とした調査研究で用いられています。そこには，その子どもが抱いている学校イメージ，特に友達との関係，先生との関係，そして自己イメージが反映されます。

　今回の調査では，次のような観点から動的学校画（KSD）の結果を整理集計し，分析を行いました。

　児童の群分け：外国人児童については1章に記載されている基準で日本語能力の高い群（「日本語上達群」と表記）と低い群（「日本語未熟群」と表記）に分け，日本人児童の群と，計3つに群分けをしました。

　学校特性について：調査を実施した5校のうち，2校は外国人児童が在籍児童の過半数を占めており，他の3校は日本人児童が過半数を占めていました。ここでは外国人児童に注目し，前者2校を「外国人多数校」，後者3校を「外国人少数校」と呼ぶことにします。

　KSDの分析方法：1,000人を超える子どもたちのKSDの描画特徴について，5人の共同研究者で1枚ずつ分類し集計しました。主な分類視点は次のようなものです。

1）全体：①場所はどこか（教室／運動場／その他），②何をしているところか（授業中／運動／部活／行事など／遊び／お喋り／掃除／給食／一人で勉強など／その他），③現在場面の印象（ポジティブ／ネガティブ／不明），④このあとどうなるか（ポジティブ／ネガティブ／不明・無記入），⑤その他特記事項

2）自己像：①自分を描いたかどうか，②自己像の大きさ，③身体の描き方（全身像／棒人間・輪郭のみなど簡略化／部分のみ描写／その他），④表情（笑顔・努力／怒り・悲しみ／不明），⑤顔の向き（正面／横向き／

　　　後ろ向き）

　３）友達：①描いたかどうか，②人数，③顔の向き，④自分との相互関係
　　　（コミュニケーションや何らかのやりとり）の有無,⑤最も近くに描かれ
　　　た友人と自分との距離

　４）先生:①描いたかどうか，②人数，③顔の向き，④自分との相互関係,
　　　⑤自分との距離

　以上の項目のうち，大きさ，距離，人数など数値で示されたものについて
は，６つの群の間で量的比較を行い，その差が学校特性によるものなのか，
児童の日本語能力特徴（日本語上達群・未熟群・日本人群）によるものなの
か，統計的に検討しました（２要因分散分析）。また，それぞれの描画特徴が
描かれているかどうか分類した項目については,各群における「あり」（描い
た）と「なし」（描かなかった）の人数割合を比較し,統計分析（カイ二乗検
定。効果量の指標としてクラメールの連関係数を算出）を行いました。文中
の「有意に多い（少ない）」というのは,統計的に明らかに多い（少ない）と
いう結果であったことを意味しています。次節では，主に人物像（自分，友
達，先生）に注目した結果を紹介します。

▍Ⅲ　結果１：３群の児童の比較検討

　子どもたちの絵には，運動場や体育館でドッジボールや大縄跳びをしてい
る様子や，教室で授業を聞いていたり，休み時間におしゃべりをしていたり
する様子など，多様な学校場面が描かれていました。

　３群（外国人児童における日本語上達群と未熟群，および日本人群）の
KSD 描画特徴の違いを検討したところ，統計的に有意な差があった項目は以
下のものでした。具体的な数値は表１と表２に示しました。

　〈自己像〉の描写：日本人群は「あり」（絵の中に自分を描いている）の割
合が多いのに対し，外国人児童のうち日本語未熟群は「なし」（絵の中に自分
を描いていない）の割合が多いという結果でした。実人数で見ると決して多
くはないように感じられますが，統計的には「自分を描かない児童」が未熟
群に出現しやすいことが示されています。描かれた〈自己像の顔の向き〉に
ついて，日本人群は「後ろ向き」が多く，未熟群は「正面向き」が多いこと

が特徴的です。

〈友達像〉の描写：描かれた友達の人数を3群で比較すると，日本人群と日本語上達群との差はありませんが，日本語未熟群は他の2群に比べて有意に少ないです（表2）。外国人児童は上達群・未熟群ともに「なし」（友達を描いていない）の割合が多く，また，〈自分と友達との相互関係（コミュニケーション）〉を描いたかどうかを見ると，未熟群で「なし」が，日本人群は「あり」が多いという結果でした。

〈先生像〉の描写：日本人群は「あり」が有意に多く，未熟群で「なし」が多いという結果でした。〈先生像の顔の向き〉は，自己像と同様に日本人群で「後ろ向き」が，未熟群で「正面」が，有意に多かったです。〈自分と先生との距離〉は3群の中で，未熟群が最も近く描かれ，日本人群とは有意差がありました。そこで，〈自分と友達の距離〉と〈自分と先生の距離〉を比較したところ，未熟群は「先生の方が友達よりも自分に近い」，日本人群は「友達の方が先生よりも自分に近い」という結果でした。

Ⅳ　結果2：学校特性の視点からの検討

次に，学校特性2種（外国人児童多数校／少数校）と児童3群（日本語能力上達群／未熟群／日本人群）を組合せた6つの群について，KSDの描画特徴を比較検討しました。主な結果を表3に示しました。特徴的なことを以下に述べます。

〈自己像〉の描写：外国人多数校の日本語未熟群は，自分を描かない児童の割合が多いという結果でした。また，〈自己像の顔の向き〉について，外国人多数校でも少数校でも日本語未熟群では「正面向き」に描かれていることが多いという結果でした。

〈友達像〉の描写：描かれた友達の人数は，先にのべた日本語能力の主効果のみが有意で，学校特性の影響は見られませんでした。ただし，外国人多数校では，日本語上達群，未熟群ともに友達を描かない児童が目立っています。〈自分と友達の相互関係（コミュニケーション）〉も，多数校の未熟群においては描かないことが多いようです。

〈先生像〉の描写：外国人多数校の日本語未熟群と外国人少数校の日本語未熟群，上達群は，先生を描かなかった児童が多いです。〈先生像の顔の向き〉

表1　日本語能力による3群のKSD描画特徴

		未熟群（%）	上達群（%）	日本人児童（%）	χ^2
自己像の描写 Cramer's V＝.11	あり	113(95.0) －**	109(96.5)	750(98.9)＋**	11.28**
	なし	6(5.0)＋**	4(3.5)	8(1.1) －**	
自己像の顔の向き Cramer's V＝.93	正面	86(79.6)＋**	71(67.0)	446(61.0) －**	16.49**
	横	14(13.0) －*	25(23.6)	169(23.1)	
	後ろ	8(7.4) －*	10(9.4)	116(15.9)＋**	
友達像の描写 Cramer's V＝.13	あり	126(90.6) －**	107(89.9) －**	763(96.7)＋**	17.23***
	なし	13(9.4)＋**	12(10.1)＋**	26(3.3) －**	
自分と友達の関係 Cramer's V＝.92	あり	14(13.5) －*	19(19.0)	175(24.9)＋**	7.64***
	なし	90(86.5)＋*	81(81.0)	529(75.1) －**	
先生像の描写 Cramer's V＝.14	あり	110(82.7) －**	102(87.9)	733(93.6)＋**	19.76***
	なし	23(17.3)＋**	14(12.1)	50(6.4) －**	
先生像の顔の向き Cramer's V＝.92	正面	96(88.9)＋**	80(80.8)	544(75.7) －**	15.67***
	横	10(9.3)	17(17.2)	111(15.4)	
	後ろ	2(1.9) －*	2(2.0)	64(8.9)＋**	
自分と友達の距離・先生との距離 Cramer's V＝.12	友達が近い	65(71.4) －**	75(82.4)	592(85.5)＋**	12.70***
	先生が近い	26(28.6)＋**	15(16.5)	97(14.0) －**	

*p ＜ .05, **p ＜ .01, ***p ＜ .001

注）表中の数字の右側についている「＋」「－」は期待値より有意に多い（少ない）ことを示す。

表 2　KSD の描画特徴の平均値（*SD*）と分散分析の結果

	未熟群	上達群	日本人児童	群の主効果	多重比較 (*p* < .05)
	n = 162	*n* = 125	*n* = 809		
友達の人数 （人）	2.10 (1.79)	2.65 (2.02)	2.83 (1.78)	$F(2, 1024)$ $= 9.37***$	日本人児童・上達群＞未熟群
自己像と先生像の距離 （mm）	94.05 (45.01)	103.32 (50.46)	107.67 (51.41)	$F(2, 899) =$ $3.18*$	日本人児童＞未熟群

p < .05,　*** *p* < .001

注）各人物像の描写がない場合は分析から除外したため，分析ごとに自由度が異なっている。

としては，多数校の未熟群が「正面向き」に描くことが多いという結果でした。また，〈自分と先生との距離〉は，少数校の上達群では遠く，多数校の上達群では中程度の距離で描かれていました。

V　結果から何が言えるだろうか

　学校特性や日本語能力の違いにより表れた KSD の描画特徴として，どのようなことが言えるでしょうか。

　相対的に見ると，外国人児童のうち特に，外国人多数校で過ごす日本語能力未熟群には，自分や友達，先生，その関係を絵の中に描かない児童が出現しやすいということがわかりました。多数校における日本語未熟群の児童は，自己像や先生像の顔の向きが正面向きであることが多く，友達像についても同様の傾向がみられ，自分と友達のコミュニケーションが少なく，学校で何かしているところをイメージすることが困難である可能性が示唆されました。そうした傾向は，日本人群との比較において際立っていましたが，日本語能力上達群の子どもたちとも異なっています。これは少し意外な結果でした。外国人児童にとって多数校においては仲間が多く，自分や友達，その関係がもっと生き生きと描かれるのではないかと予想していたためです。そうではないということが示された背景は調査結果からは明確には言えませんが，日本語未熟群児童は自分にとって日本での生活が十分なものとは感じられず，上達群児童がより積極的に関わっているのを見ると，取り残された感覚をもつ可能性が懸念されます。孤立感，不適応感が高まる前に支援が必要

表3　学校特性と日本語能力による6群のKSD描画特徴

		外国人多数校			外国人少数校			χ²
		未熟群%	上達群(%)	日本人児童(%)	未熟群(%)	上達群(%)	日本人児童(%)	
自己像の描写 Cramer's V=.17	あり	58 (92.1) – **	40 (95.2)	74 (97.4)	55 (98.2)	69 (97.2)	676 (99.6)+**	27.0
	なし	5 (7.9)+**	2 (4.8)	2 (2.6)	1 (1.8)	2 (2.8)	3 (0.4) – **	
自己像の顔の向き Cramer's V=.15	正面	47 (82.5)+**	25 (64.1)	45 (62.5)	39 (76.5)+*	46 (68.7)	401 (60.8) – **	20.7
	横	6 (10.5) – *	11 (28.2)	12 (16.7)	8 (15.7)	14 (20.9)	157 (23.8)+*	
	後ろ	4 (7.0)	3 (7.7)	15 (20.8)	4 (7.8)	7 (10.8)	101 (15.3)	
友人像の描写 Cramer's V=.14	あり	62 (89.9) – **	38 (88.4) – *	72 (92.3)	65 (91.5)	69 (90.8)	693 (97.2)+**	21.4
	なし	7 (10.1)+**	5 (11.6)+*	6 (7.7)	6 (8.5)	7 (9.2)	20 (2.8) – **	
自分と友達の関係 Cramer's V=.13	あり	4 (7.3) – **	5 (13.5)	10 (14.7)	10 (20.4)	14 (22.2)	165 (25.9)+**	15.6
	なし	51 (92.7)+**	32 (86.5)	58 (85.3)	39 (79.6)	49 (77.8)	471 (74.1) – **	

先生像の描写 Cramer's V = .16	あり	56 (82.4) −**	39 (90.7)	69 (89.6)	54 (83.1) −**	63 (86.3) −*	664 (94.6)+**	25.7
	なし	12 (17.6)+**	4 (9.3)	8 (10.4)	11 (16.9)+**	10 (13.7)+*	38 (5.4) −**	
先生像の顔の向き Cramer's V = .15	正面	51 (91.1)+*	34 (89.5)	55 (80.9)	45 (86.5)	46 (75.4)	489 (75.1) −**	20.7
	横	5 (8.9)	4 (10.5)	7 (10.3)	6 (9.6)	13 (21.3)	104 (16.0)	
	後ろ	0 (0.0)	0 (0.0)	6 (8.8)	2 (3.8)	2 (3.3)	58 (8.9)+**	
自分と先生との距離 Cramer's V = .14	近距離 手が届く	7 (13.7)	10 (27.0)	12 (17.9)	9 (20.0)	8 (13.1)	110 (17.2)	18.6
	中距離 声が届く	43 (84.3)	25 (67.6) −*	55 (82.1)	36 (80.0)	49 (80.3)	523 (81.6)	
	遠距離	1 (2.0)	2 (5.4)	0 (0.0)	0 (0.0)	4 (6.6)+**	8 (1.2)	

$* p < .05$, $** p < .01$

注) 表中の数字の右側についている「+」「−」は期待値より有意に多い（少ない）ことを示す。

だと考えられます。外国人少数校においては，そうした問題に周囲が気づきやすいため，早めに配慮できるのではないかと思われます。

　一方で，これは統計的に有意な結果ではありませんが，人物像の大きさについて，外国人児童においては先生像が自己像や友達像より大きく描かれたKSD が複数みられ，学校における教師の存在の大きさが感じられました。大きな存在である教師の働きかけは重要だと言えましょう。

　なお，最後に付け加えておきたいこととして，今回調査に協力してくれた子どもたちの絵には，全体として学校の様子が多様に描かれ，一見して気になる問題を感じさせるものはほとんどありませんでした。それは日頃の子どもたちの生活を見ていても同様です。

　本章では，描画法を用いて，絵の中に表現された，外国人および日本人の子どもたちの特徴をとらえました。日本語能力と学校特性を切り口として群分けし，どの群にはどんな特徴があらわれやすいかを見ました。絵に示された特徴にはそれぞれの描き手が身につけてきた人物や人間関係のイメージが自然と表現されていると思われます。調査では群分けした集団としての傾向をとらえ理解するところまでしかできませんが，次は一人ひとりの子どもがそうした特徴をどのように活かして「自分らしさ」を発展させていくかを見ていくことになります。一枚一枚の絵を味わうように，一人ひとりの子どもと関わっていく，そんな活動をしていけたらと思っています。

　付　　記

　本章の一部は『野村あすか・松本真理子・鈴木伸子・稲垣美絢・坪井裕子・森田美弥子（2019）日本における外国人児童のウェルビーイングに関する研究─日本語能力との関連から．学校メンタルヘルス，22(1);60-70.』および『野村あすか・松本真理子・坪井裕子・鈴木伸子・垣内圭子・大矢優花・二宮有輝・稲垣美絢・森田美弥子（2017）日本における外国人児童のウェルビーイング（2）─日本語能力に着目した QOL ─．日本学校心理学会第 19 回大会発表抄録集 , 96.』より引用しています。

　文　　献

Knoff, H. M. & Prout, H. T.（1985）Kinetic Drawing System for Family and School: A Handbook. Western Psychological Services.（加藤孝正・神戸誠訳（2000）学校画・家族画ハンドブック．金剛出版.）

稲垣美絢・垣内圭子・松本真理子・坪井裕子・鈴木伸子・野村あすか・大矢優花・二宮有輝・森田美弥子（2017）日本における外国人児童のウェルビーイング（3）─学校特性および日本語能力に着目した動的学校画．日本学校心理学会第 19 回大会発表抄録集，96.

外国人児童が作成した等身大自己像

茶道を通じて文化や礼儀を学ぶ

第4章

対人葛藤場面における解決方法から見えること

鈴木伸子

■ 事例「ヒビキのモヤモヤ，学校で伝えたいことが上手く伝えられない」

　ヒビキは 10 歳，公立小学校 4 年生の男子。両親と公立中学校 1 年生の姉，保育園に通う 5 歳になる妹とともに X 県内の多くの外国人家族が住む団地で暮らしている。家族はヒビキが 2 年生になるときに母国から日本のこの地域に引っ越してきた。両親は共働きで，二人とも少し離れた地域の自動車工場に勤務している。両親は忙しく，父親には夜勤もあることから，両親は中学生の姉や高学年になったヒビキを何かと頼りにしている。もっぱら姉は家事を手伝い，ヒビキはまだ手のかかる妹の面倒をみている。また，ヒビキは妹だけでなく，団地内の小さな子どもたちとも一緒に上手に遊んであげることから，ちびっ子たちのお兄ちゃん的存在であり，団地内の住民から慕われている。そんなヒビキが家族内，団地内で使用している言語は両親の母語であり，団地住民の多くが同一国籍である。

　今年 4 年生になったヒビキ。家や団地内では楽しく生活しているのだが，学校では不満に思っていることがある。それは，高学年になってから何かと子ども同士で話し合って決めることが増えたことだ。先生がいろいろ決めてしまうのではなく，自分たち子どもが決められることは嬉しい。先生が自分たち子どもを認めてくれている気がするからだ。一方，話し合いの時間は，相手に日本語で自分の思いや考えを上手く伝えられないヒビキにとって不満がたまる時間でもある。ヒビキは運動場で身体を動かして遊ぶことが好きだ。でも，遊びのルールを決めるときなどには，自分の考えを聞いてもらえなくて面白くないと思うことが少なくない。そんなとき，ヒビキは団地で小さな

子どもたちや近所の人たちから頼りにされている自分とは段違いに感じてしまう。ヒビキは今の学校に通う前に県内の子ども日本語教室で3カ月間日本語を学んだ。だが，今も日本語能力は不十分だ。4年生の教科書を使用しながらも個別指導や取り出し授業による指導を受けている。

　そんなある日のこと。ヒビキのクラスは授業中に学校の図書室に行った。先生が自由に本を読んで良いと言ったので，ヒビキは大好きな恐竜の図鑑をみることにした。ヒビキはしばらくの間夢中で図鑑をみていたが，途中でトイレに行きたくなったので，机に図鑑を開いたまま少しの間席を離れた。トイレを済ませ，図鑑の続きをみようとヒビキが元の席に戻ってくると，そこに置いてあったはずの図鑑が消えていた。「えっ!?」ヒビキが慌てて近くを見渡すと，隣の席でクラスメイトのカナタくんが図鑑をみているではないか。ヒビキは図鑑を返してもらおうとすぐさまカナタくんに近づいたが，カナタくんは，「どうしたの，何か用？」と少し迷惑そうな表情でヒビキの方に顔を向けた。ヒビキは，「ぼくが先にみていた図鑑なのに!!　どうして?!」と思うのだが，図鑑をみているカナタくんはそんなヒビキを気にする様子もない。ヒビキは自分の頭がカァーッと熱くなるのを感じ，思わず無言でカナタくんから図鑑を取り上げそうになった。と，ちょうどその時，近くを通る先生が視界に入った。ヒビキは先生に事の顛末を訴えた。話しているうちに涙目になっていた。先生は興奮気味のヒビキの話をしゃがんで聞いてくれた。そして，ヒビキに代わってカナタくんに状況を説明してくれた。カナタくんは，「ヒビキくんが何も言わなかったから分からなかった。ごめんね」と謝ってくれた。そこでちょうどチャイムが鳴った。ヒビキは図鑑の続きはみられなかったが，先生が力になってくれたこと，カナタくんが謝ってくれたことが嬉しかった。ただ，教室に戻ってから，興奮してカナタくんから無言で図鑑を取り返そうとした自分を思い出すと，自分自身を好きになれない気持ちになるのであった。なぜなら，ヒビキは団地ではいつも小さな子ども同士のいざこざをなだめているからだ。このようなエピソードがあると，ヒビキはいつもモヤモヤした気持ちになる。そして，いつか自分が学校でこの気持ちを爆発させてしてしまうのではないかと不安になったりもする。だが，このことはまだ誰にも話せないでいる。

I　はじめに

　本章では，子どもたちが学校生活で経験する対人葛藤場面において，彼らが用いる解決方法から見えることについて質問紙調査の結果を報告します。

　対人葛藤は，個人の欲求，目標，期待などが他者によって妨害されていると個人が認知することによって発生します（藤森，1989）。そして，このような対人葛藤を解決しようとする行動は対人葛藤解決方略と呼ばれます。社会生活において対人葛藤は不可避であり，子どもたちもまた一日の大半の時間を過ごす学校生活を中心に，深刻な問題に至らないまでも，相互の欲求の衝突や意見の対立などの対人葛藤を日常的に経験しています。これまで，こうした解決方略の個人差と仲間からの評価や社会的適応には関連のあることが指摘されてきました（Richard & Dodge, 1982 など）。また，子どもの心の健康や学校適応との密接な関連も示されています（鈴木ら，2014；鈴木ら，2017 など）。しかしながら，外国人児童に関する報告は皆無といってもよい状況です。外国人児童の日本語能力の水準と対人葛藤場面での解決のあり様にはどのような関連があるのか，今回は学校特性にも目を向けた検討を行いました。

II　調査方法

1．調査協力者

　調査は，2章，3章と同一のA県内5校の小学4～6年生の日本人809名（男子391名，女子418名）と外国人287名（男子148名，女子139名）の計1,096名から協力を得ました（2章の表1参照）。

2．調査内容

　質問紙は調査協力校からの依頼により，総ルビつきの日本語版で作成しました。本調査では，児童に学校生活における対人葛藤場面での解決方法を尋ねるために，対人葛藤場面と9種類の解決方略からなる質問票を用いました。この作成にあたっては，対人交渉方略（Interpersonal Negotiation Strategies: INS）モデル（Yeates & Selman, 1989）とINSの発達を測定

図1　葛藤場面（男子用4コマ漫画）

する質問紙を作成した山岸（1998）を参考にしました。INSモデルでは，社会的視点取得能力の発達に応じたINSの発達段階と個人の対人志向スタイルに関する次元が設定されています（渡部，2000）。葛藤解決に関して，前者からは自分と相手の欲求をいかに考慮できるかを，後者からは自分の欲求を通すのか，譲るのか，あるいは協調するのかといった対人志向性を把握することができます。

　葛藤場面は「学校の図書室で本を読んでいた主人公が，少し離席した間に自分が読んでいた本を他の子が読んでいた」というもので，葛藤相手は同性の子どもでした。場面は，場面を説明する文章（表1）と4コマ漫画（図1）により構成し，登場人物の性別に男子用と女子用の2種類を作成しました。

　また，質問項目として，場面における9種類の解決方略を設定しました（表2）。各解決方略について，自分が場面の主人公Aの立場であった場合，どの程度使用すると思うかを「しないと思う（1点）」～「すると思う（4点）」の4件法で回答を求めました。得点が高いほどその方略をよく使用すると思っていることを意味します。

表１　葛藤場面（女子用）

> 　学校の図書室にＡさんが楽しみにしていた新しい本がきました。
> 　Ａさんは，その本を読むために長い間待って，ようやく自分の番になりました。
> 　Ａさんは，本を読みはじめましたが，トイレに行きたくなったので，少しの間，席から離れました。
> 　ところが，Ａさんが席に戻ってくると，本はなくなっていて，Ｂさんが別の席で読んでいました。
> 　ＡさんがＢさんに近づいていくと，Ｂさんが，「何か用なの？　本を読んでいるから，じゃまをしないで」といいました。

注）男子用では「Ａさん」を「Ａくん」，「Ｂさん」を「Ｂくん」とした。

表２　葛藤場面における９つの解決方略（女子用）

非言語的攻撃	何も言わず，Ｂさんから本を取り上げる
命令	「わたしが読みたいんだから返して」という
説得	長い間待ってやっと読めたこと，トイレに行っていたことを説明して，本を返してもらう
非言語的撤退	何も言わず，その場所からはなれる
あきらめ	Ｂさんが読みたそうなので，あきらめる
譲歩	「少ししたら，読ませて」という
教師介入	先生を呼びに行く
ジャンケン使用	「ジャンケンをして，どちらが読むか決めよう」という
協調提案	「ふたりとも読みたいんだから，ふたりで一緒に読もう」という

注）男子用では「Ａさん」を「Ａくん」，「Ｂさん」を「Ｂくん」，「わたし」を「ぼく」とした。

３．調査時期および手続き

　調査は 2016 年 7 月から 10 月までの期間に，前章までと同じ手続きで実施しました。

Ⅲ　結　　果

１．日本語能力水準と対人葛藤解決方略の関連

　まず，日本語能力水準によって群分けした外国人児童（以下，「未熟群」「上達群」）と日本人児童の３群にどのような関連がみられるか，群別に算出した９つの方略得点の平均値と標準偏差をもとに，統計手法を用いて解析し

ました（日本語能力水準を独立変数，各方略得点を従属変数とする一要因分散分析）。その結果（表3），外国人児童は日本語能力水準の程度にかかわらず，総じて日本人児童よりも多様な方略を使用しやすいことが明らかになりました。具体的には，未熟群，上達群ともに外国人児童は日本人児童より多く「非言語的攻撃（何も言わずに相手から本を取り上げる）」「教師介入（教師を呼びに行く）」「ジャンケン使用（ジャンケンで決めようと相手にもちかける）」，そして，「協調提案（ふたりで一緒に読もうともちかける）」を使用すると答えたのです。これらのうち，「非言語的攻撃」は一方的かつ暴力的に自分の欲求を主張する方略であり，その場だけでなく，今後の相手との関係性をも悪化させてしまう方略です。冒頭事例のヒビキは危うくこの方略を使用するところでした。また，「ジャンケン使用」はこれまで日本人児童に特有の対人葛藤解決方略とされてきた方略です。今回外国人児童が日本人児童より多く使用すると答えている点を非常に興味深く思います。渡部（1993）は，小学生が対人葛藤場面でジャンケンを使用する理由について，公平性に言及する児童が多いと報告しています。しかし，坪井ら（2015）や鈴木ら（2021）のインタビュー調査では，短時間で決められるメリットや，自分の欲求をあきらめきれない気持ちに言及する児童も少なくありませんでした。今回，外国人児童に日本人児童よりも一方的な主張方略を使用しやすい傾向が示されたことから，彼らにとってジャンケンの使用は，主張の表現型の一つである可能性が強くうかがわれます。

　対人葛藤場面において外国人児童がこのように多様な方略を用いて解決を図ろうとすることは，葛藤解決に向けた積極的な振る舞いとして評価できます。その一方で，今回の場面のように，ともすると自分の権利が侵害されたと感じかねない対人葛藤場面において，彼らが安定した対処様式や得意とする解決方略を持ち合わせていないことの表れとみることも可能ではないでしょうか。さらに注目したいのは，9方略のうち外国人児童が日本人児童より使用が少ないと答えた唯一の方略が，自分の事情を話して相手を「説得」する方略であった点です。このことから，彼らが相手を「説得」することの難しさを感じていることがうかがえます。今回の場面における「説得」は，対話という向社会的な手続きを取りながらも，相手の行動に問題があることを主張し批判することによって相手に譲歩を求め，自分の目標を達成しようと

表3　群別の各解決方略得点の平均値（*SD*）および分散分析の結果

方略	未熟群 $n = 162$	上達群 $n = 125$	日本人児童 $n = 809$	群の主効果	多重比較 ($p < .05$)
非言語的攻撃	1.87(1.11)	1.85(1.12)	1.61(0.93)	$F(2,1077)$ $= 6.97**$	未熟群・上達群＞日本人児童
命令	2.42(1.18)	2.31(1.20)	2.19(1.08)	$F(2,1075)$ $= 3.27*$	未熟群＞日本人児童
説得	2.68(1.27)	2.89(1.24)	3.16(1.07)	$F(2,1076)$ $=$ $13.68***$	日本人児童＞未熟群・上達群
非言語的撤退	2.15(1.23)	2.27(1.23)	2.05(1.09)	$F(2,1068)$ $= 1.01,$ *n.s.*	
あきらめ	2.32(1.27)	2.59(1.18)	2.18(1.13)	$F(2,1071)$ $= 6.85**$	上達群＞日本人児童
譲歩	2.49(1.19)	2.64(1.14)	2.63(1.14)	$F(2,1068)$ $= 1.01,$ *n.s.*	
教師介入	2.27(1.32)	2.16(1.24)	1.57(0.95)	$F(2,1071)$ $=$ $40.36***$	未熟群・上達群＞日本人児童
ジャンケン使用	2.16(1.22)	2.36(1.30)	1.77(1.04)	$F(2,1076)$ $=$ $20.14***$	未熟群・上達群＞日本人児童
協調提案	2.61(1.26)	2.65(1.16)	2.26(1.18)	$F(2,1078)$ $=$ $10.00***$	未熟群・上達群＞日本人児童

* $p < .05$, ** $p < .01$, *** $p < .001$

注）欠損値がある場合，当該方略の得点分析から除外したため，分析ごとに自由度が異なっている。

する方略です。児童がこうした方略を用いて仲間との間に生じた葛藤を円滑に解決するためには，ある程度の言語能力の高さが求められます。そのため，日本語能力に自信が持てない状態にある外国人児童にとって，「説得」はハードルの高い方略であると考えられます。さらに今回，未熟群，上達群の外国人児童がともに日本人児童よりも「教師介入」の方略を多く使用すると答え

表4　男女別群別の人数

	少数校			多数校		
	未熟群	上達群	日本人	未熟群	上達群	日本人
男子	40	34	350	51	23	41
女子	39	45	381	32	23	37

ていることから，葛藤相手に伝えたいことが上手く伝えられない彼らにとって，先生を呼びに行って解決を求める「教師介入」は重要な解決方略の一つであるといえるでしょう。

2．学校特性および日本語能力水準による対人葛藤解決方略の特徴

　日本語能力水準と対人葛藤解決方略にはどのような関連がみられるのか，1．の結果に加え，2．では児童らの在籍校の特性も踏まえた結果を男女別に紹介します。

　調査対象とした5校のうち2校は外国人児童が全児童の過半数を占める小学校（以下，「多数校」），3校は日本人児童が全児童の過半数を占める小学校（以下，「少数校」）でした。児童をこの学校特性2種（多数校／少数校）と日本語能力水準3群（未熟群／上達群／日本人群）の組み合わせでできた6群に分けました。男女別にみた各群の人数は表4の通りです。結果は，1．と同様に群別に算出した9つの方略得点の平均値と標準偏差をもとに，統計手法を用いて解析しました（学校特性と日本語能力水準とを独立変数，各方略得点を従属変数とする二要因分散分析）。その結果（男子：図2-1，2-2，女子：図3-1，3-2），男女とも差がみられた方略は，「非言語的攻撃」「説得」「非言語的撤退」「あきらめ」「教師介入」「ジャンケン使用」の6つでした。

3．男子の主な結果（図2-1，2-2）

　6つの方略のうち「教師介入」以外の5つの方略は，学校特性と日本語能力の掛け合わせによって使用の程度が異なることが明らかになりました。また，「説得」の方略は日本語能力水準によらず少数校の児童が多数校の児童より使用しやすく，逆に，場面において自分の欲求を通すのか，譲るのかによらず非言語的な方略は多数校の児童が少数校の児童より使用しやすいことが示されました。さらに，総じて多数校の上達群児童にはあらゆる方略を使用

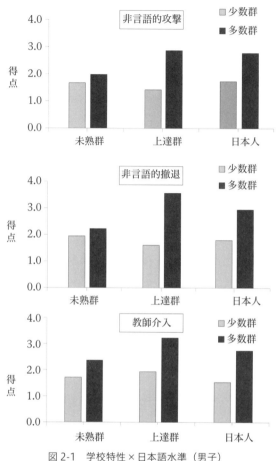

図 2-1　学校特性 × 日本語水準（男子）

した葛藤解決重視の傾向がうかがえました。

4. 女子の主な結果（図 3-1, 3-2）

　図 3-1，3-2 の 6 つの方略のうち 5 つの方略使用には，日本語能力水準の影響はみられず，学校特性の影響が大きいことが明らかになりました。すなわち，「非言語的攻撃」「非言語的撤退」「あきらめ」「ジャンケン使用」は，多数校の児童が少数校の児童より使用しやすく，逆に，「説得」は少数校の児童が多数校の児童より使用しやすいことが示されました。また，「教師介入」の使用は，学校特性と日本語能力によって異なりました。すなわち，未熟群

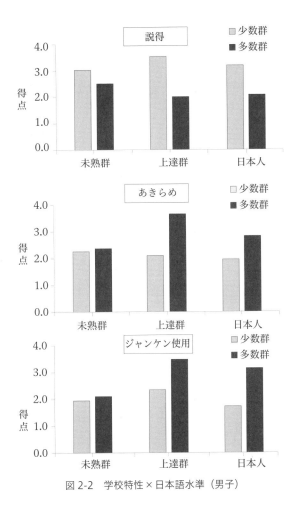

図 2-2　学校特性×日本語水準（男子）

の児童は，学校特性にかかわらず「教師介入」をよく用い，多数校の上達群児童と日本人児童は，少数校の同群の児童より多く用いることが示されました。いずれも児童間の対人葛藤解決に教師を頼りにしている様子がうかがえました。

　これらの結果から，男女とも外国人児童の対人葛藤解決方略の理解と支援には，個人特性としての日本語能力のみならず，学校特性を踏まえることが有効な手立てになると考えられます。また，特に多数校の上達群男子児童にみられる葛藤解決重視の傾向について，先行研究では，あらゆる方略を用い

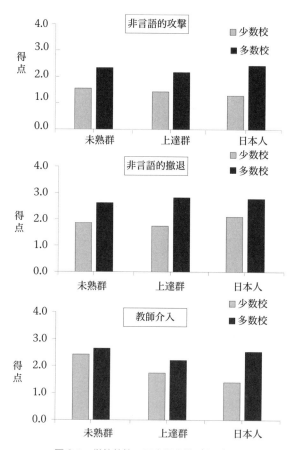

図 3-1　学校特性×日本語水準（女子）

て葛藤解決にこだわるスタイルを示す児童の精神的健康度の低さが指摘されています（鈴木ら，2014）。よって今後，心の健康と関連づけた検討が期待されます。

付　　記
　本章の一部は『野村あすか・松本真理子・鈴木伸子・稲垣美絢・坪井裕子・森田美弥子（2019）日本における外国人児童のウェルビーイングに関する研究—日本語能力との関連から．学校メンタルヘルス，22(1); 60-70.』および『鈴木伸子・松本真理子・坪井裕子・野村あすか・垣内圭子・大矢優花・二宮有輝・稲垣美絢・森田美弥子（2017）日本における外国人児童のウェルビーイング（4）—学校特性および日本語能力に着目した対人葛藤解決方略．日本学校心理学会第 19 回大会発表抄録集，97.』より引用しています。

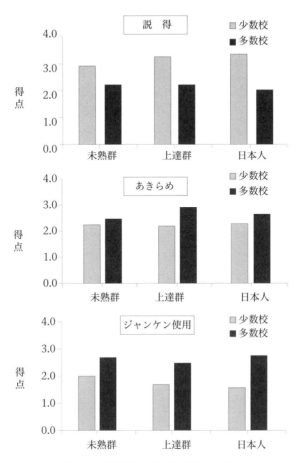

図 3-2　学校特性×日本語水準（女子）

文　　献

藤森立男（1989）日常生活にみるストレスとしての対人葛藤の解決過程に関する研究. 社会心理学研究, 4(2); 108-116.

Richard, B. A. & Dodge, K. A. (1982) Social maladjustment and problem solving in school-aged children. Journal of Consulting and Clinical Psychology, 50; 226-233.

鈴木伸子・松本真理子・坪井裕子・野村あすか・垣内圭子・大矢優花・畠垣智恵・森田美弥子（2014）小学生の対人葛藤解決方略とQOL―授業中の意見相違場面に焦点をあてて. 学校メンタルヘルス, 17(2); 152-161.

鈴木伸子・五十嵐哲也・坪井裕子・松本真理子・森田美弥子（2017）小学生における学級内の対人葛藤解決方略と承認・被侵害感との関連. 心理臨床学研究, 35(3); 290-296.

鈴木伸子・坪井裕子・松本真理子・森田美弥子（2021）小学生における対人葛藤解決方略の特徴―高学年児童を対象としたインタビュー調査による検討．愛知教育大学研究報告，70; 85-92.

坪井裕子・鈴木伸子・五十嵐哲也・松本真理子・森田美弥子（2015）児童福祉施設における小学生の対人葛藤解決方略の特徴―インタビューによる検討．日本学校心理学会第17回大会発表抄録集，23.

渡部玲二郎（1993）児童における対人交渉方略の発達―社会的情報処理と対人交渉方略の関連性．教育心理学研究，41(4); 425-461.

渡部玲二郎（2000）社会的問題解決能力の発達．In：堀野緑・浜口佳和・宮下一博編著：子どものパーソナリティと社会性の発達―測定尺度つき．北大路書房，pp.188-201.

山岸明子（1998）小・中学生における対人交渉方略の発達及び適応感との関連―性差を中心に．教育心理学研究，46(2); 163-172.

Yeates, K. O. & Selman, R. L. (1989) Social competence in the schools: Toward an integrative developmental model for intervention. Developmental Review, 9; 64-100.

特別支援学級での授業，全員が外国人児童

国際比較にみる
子どもたちの主観的幸福感

——子どもたちの幸福感の国際比較：日本人・日本在住外国人・フィンランド人・モンゴル人

坪井裕子

■事例「社会的養護の現場で出会った外国にルーツのある子どもたち」

　児童養護施設にも外国にルーツをもつお子さんが入所してくることがあります。事情はさまざまですが，子どもにとっての「幸せ」について考えさせられることが多々あります。ここではいくつかの事例のエッセンスをもとに作成した，架空事例の「ジェイくん」について紹介します。

　ジェイくんの家族は日本人である父親，外国人の母親との3人家族であった。ジェイくんは母親が母国に里帰りして生まれた。母親は日本へ戻ったが，幼いジェイくんは母と離れて母方実家で育った。ジェイくんは母親の国の言葉を話し始めていた。その後，日本で家族3人が一緒に暮らすこととなり，ジェイくんは3歳になる少し前に日本に来た。保育園に入ったが，最初は日本語が分からず，困ることが多かった。それでも，小学校入学する頃には日本語での日常会話はほぼ困らない程度になっていた。

　ジェイくんが小学校低学年のころまでは，漢字の読み方などを父親に教えてもらっていた。しかし，小学校中学年のころから，両親のケンカが絶えなくなり，高学年になると，父親が家を出て行くことになった。ジェイくんは母親と二人で暮らすことになったが，母親は日本語があまり得意ではないため，コミュニケーションは十分ではなかった。ジェイくんは徐々に学習への意欲が弱まり，学校も休みがちになった。ジェイくんのことが学校で問題となって，児童相談所の介入が始まった。母親自身，昼も夜も働きながらジェイくんを育てるのは難しいと訴えた。ちょうどそのころ母国にいる祖父が体

調を崩し，母親が一旦，国に戻ることになったため，ジェイくんは児童養護施設に入所することになった。

　児童養護施設でのジェイくんは最初こそ母親と離れて寂しくて泣いてしまうこともあったが，新しい学校に慣れ，部活にも入って，少しずつなじんでいった。相変わらず，国語の読みや漢字の書き取りは苦手だったが，施設職員や学習支援ボランティアの手を借りて勉強に取り組むようになり，毎日を楽しく過ごしていた。

　母国に戻った母親から，いろいろな事情があり，ジェイくんをすぐに迎えに来ることができないという連絡があった。そこで児童相談所が父親と連絡を取ることになった。施設でも，担当職員や心理士がジェイくんの気持ちを聞いて，今後についての話し合いがもたれた。ジェイくんは，母親と一緒に暮らしたい，離れるのは嫌だという気持ちが強い反面，母親の母国に行くことについては，言葉もわからないし，環境が大きく変わることも心配だ，とのことだった。自分はこのまま日本にいたいけれども，母親が日本に来られない場合，ずっと施設暮らしになるのか，母の国に行った方が良いのか，父親はどう思っているのだろう，などといろいろな気持ちが整理できないままになっていた。自分はいったい何人なのか，というアイデンティティをめぐるゆらぎも見受けられた。どうすることがジェイくんにとって一番の「幸せ」につながるのか，簡単に答えが出せない状況が続いた。

　その後，父親と母親が話し合って正式に離婚することが決まり，父親がジェイくんの親権をもつことになった。父方祖母の協力を得て，父親が「日本で一緒に暮らそう」とジェイくんに伝えたのである。ジェイくんは母との別れは寂しく辛いものの，「日本人」として，日本で父とともに生きていくと決意した。ただし，母親とも連絡を取りたい，会いたいと願っており，そのためにも母親の母国語を勉強したいという希望が語られた。小学校卒業を機に，ジェイくんは父親宅に引き取られていった。

❙　はじめに

　日本では，現在，在留外国人が急増しています。これは日本の歴史上かつてない体験であり，外国にルーツをもつ方への対応として，言語，生活習慣，教育などさまざまな課題を抱えている現状があります。特に子どもにおいて，

習得が難しいとされる日本語を用いることが教育の前提となっており，このことは，学校生活あるいは日本の生活における子どもたちのウェルビーイングに影響していると考えられます。このウェルビーイングとは心身が健康で適応的な状態，「幸福」などと訳されるものです。しかし，日本在住の外国人児童のウェルビーイングに関する研究はほとんどありません。

　私たちの研究グループでは，これまで日本とフィンランドの子どものQOL（Quality of Life；生活の質）やメンタルヘルスについて比較検討を行ってきました（Tsuboi et al., 2012）。その中で，文化や環境の異なる子どもたちのウェルビーイングを検討するために，子どもたちが「幸せ」について，どのように考えているのかを捉える必要があると考えました。

　近年，人々の幸福，あるいはウェルビーイングが社会全体にとって重要な概念であるという認識が広がりつつあります。国連による世界幸福度ランキング（Helliwell et al., 2022）では各国の主観的な幸福感を調査しています。複数の要因，「一人当たりの国内総生産」「健康寿命」「社会的支援」「人生の選択の自由度」「他者への寛容さ」「国への信頼度（腐敗を感じる程度）」の6つから，「総合幸福度」を数値化しています。幸福についての定義はさまざまですが，環境や文化的背景に影響を受けることは想像に難くないでしょう。そこで子どもの幸福に関する研究の一環として，異なる文化圏に住む子ども達を対象とした調査を行い，子どもたちが何を幸福と捉えているかを明らかにすることを目的とした研究を行いました。ここでは，日本在住の外国人児童を中心として，日本，モンゴル，フィンランドにおける子どもの幸福感について国際比較を通した量的・質的検討を行った調査について紹介します。

　モンゴルは，東アジアの北西部に位置し，1992年に社会主義のモンゴル人民共和国から，モンゴル国として民主主義国家になった国です。民族の特色としては，遊牧民族，農耕民族としての歴史があり，遊牧に合わせて住居を移動するという特徴的な生活様式が，現代においても残っているところがあります。同じ東アジア文化圏に属する日本ですが，国民の価値観や人生観等に相違があることが予想されます。

　フィンランドは，2022年に公表された世界幸福度ランキング（Helliwell, et al., 2022）では5年連続して首位を獲得しています（ちなみに日本は54位，モンゴルは68位でした）。また，2018年のOECDによる学習到達度調

査（PISA）の結果によると，学習成績が良好であったアジア諸国はすべて生活満足度が低く，生活満足度が高かった他国の大半は学習成績が低かったのに対して，フィンランドは参加国のなかで唯一読解力と生活満足度の両方が高かったことが示されています（OECD, 2019）。フィンランドにおける教育水準の高さと幸福感の高さの背景には，子どもを取り巻く環境の質の高さがあるのではないかと考えられます。

　本稿では，主に幸福度得点について検討を行った結果（Tsuboi et al., 2019）について述べていきます。

Ⅱ　方　　　法

1．研究協力者

　日本人児童 474 名，日本在住外国人児童 112 名，フィンランド人児童 247 名，モンゴル人児童 121 名，計 954 名，年齢は 10 歳から 12 歳（平均年齢 11.01 歳，SD = 1.03）で，日本の小学校 4 年生から 6 年生相当の児童の協力を得ました。

2．方　　　法

　質問紙調査を行いました。質問紙の構成は以下の通りです。

　1）文章完成法 3 項目：①「私がしあわせだと思うときは……」，②「私がふしあわせだと思うときは……」,③「私にとってしあわせとは……」という刺激文に続く文章の記入を求めました。

　2）幸福度得点 1 項目：「全体としてあなたは今どのくらしあわせだと思いますか」について，「とても幸せ」（5 点）から「とても幸せではない」（1 点）まで 5 件法で尋ねました。

3．調査期間

2018 年 2 月から 6 月。

4．調査実施方法

　各国において，学校の協力を得て，教室で集団実施しました。質問紙の教示文，および回答の言語はそれぞれの国の言語です。分析は日本語で行いま

した。それぞれの言語と日本語が堪能な者に翻訳を依頼し，バックトランスレーションの妥当性の確認も行いました。

5．倫理的配慮

　質問紙には，調査目的を示すとともに，結果は統計的に処理され個人が特定されることはないということ，および回答を拒否する権利があること等を記載しました。また，名古屋大学大学院教育発達科学研究科研究倫理委員会の承認を得て実施しました。

Ⅲ　結果と考察

1．幸福度得点の比較

　幸福度得点の記入が有効だった日本人児童 472 名，日本在住外国人児童 109 名，フィンランド人児童 230 名，モンゴル人児童 115 名，計 926 名の結果を報告します。どの国の子どもも平均点は3点を超えて4点前後を示しており，幸福度は高めであることが示されました。そこで4群（日本人児童，日本在住外国人児童，フィンランド人児童，モンゴル人児童）の幸福度得点平均値を比較したところ，有意な差（$F=3.67, p < .05$）が示されました（表1）。多重比較の結果（表2），日本在住外国人児童は，日本人児童に比べ有意に得点が低く（$p < .05$），モンゴル人児童に比べても得点が低い傾向（$p < .10$）が見られました。

2．幸福度得点の分布

　次に各得点の群別回答人数を表3にまとめました。出現数の違いについて，χ^2 検定をしたところ，国ごとの得点別の人数に有意な違い（$\chi^2 (12) = 85.71, p < .01$）が見られました。残差分析をしたところ，日本在住外国人児童群において，「幸せではない」（$p < .01$），「どちらでもない」（$p < .05$）と回答する数が有意に多く出現していました。得点ごとの比率を群別に示したものが，図1です。これを見ると，どの群も，4点，5点が多く「幸せである」方が多いことが分かります。国ごとに見ると，モンゴルでは5点が最も多いのですが，2点も日本やフィンランドに比べて多い（$p < .01$）ことから，ほとんどの子どもは「とても幸せ」と思っている中で，一部に「幸せではな

表 1　幸福度得点平均値

	n（人）	平均値	SD	F 値	p
日本	472	4.18	0.91		
日本在住外国人児童	109	3.90	1.14		
モンゴル	115	4.21	1.06	3.67	0.012*
フィンランド	230	4.05	0.67		

$*p < .05$

表 2　幸福度平均値多重比較

	diff	lwr	upr	p
日本 − 外国人	0.281	0.032	0.530	0.020*
日本 − モンゴル	-0.029	-0.272	0.215	0.990
日本 − フィンランド	0.132	-0.056	0.321	0.270
外国人 − モンゴル	-0.310	-0.623	0.003	0.054 †
外国人 − フィンランド	-0.149	-0.421	0.124	0.496
モンゴル − フィンランド	0.161	-0.107	0.428	0.409

† $p < .10$ ，$*p < .05$

表 3　幸福度得点別人数

幸福度得点	1	2	3	4	5	計
日本	11	13	57	190	201	472
外国人	4	11	19	33	42	109
モンゴル	3	10	6	37	59	115
フィンランド	1	3	31	144	51	230
計（人）	20	39	116	408	358	926

い」と感じている子どもがいることが示されました。フィンランドは 4 点が最も多く，1 点や 2 点が少ないことから，ほとんどの子どもは「幸せである」と感じていることが分かります。日本の場合は，4，5 点が多いことから，ほとんどの子どもが「幸せである」と答えていることが示されました。

　このように「幸せである」という 4 点または 5 点と答えた子どもの比率を見てみると，日本（82.8％），モンゴル（83.5％），フィンランド（84.8％）では 80％以上を示すのに対して，日本在住外国人児童は 68.8％と有意に低

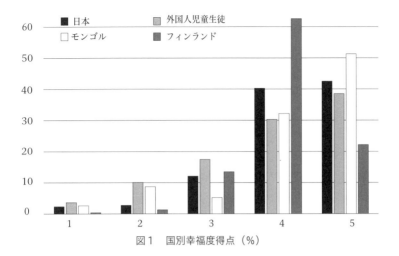

図1　国別幸福度得点（%）

い（$p < .01$）ことが明らかになりました。あまり幸せを感じられていない日本在住の外国人児童に対して，どのような支援ができるのか検討する必要があるといえます。

3．幸福度得点が低い子どもの「しあわせ」「ふしあわせ」の記述内容

　幸福度得点が1点または2点，つまり「幸せではない」と回答した子どもはどんな子どもたちなのでしょうか。その子どもたちの「しあわせ」と「ふしあわせ」に関する記述内容のうち一部抜粋したものを表4に示します。その中で「ふしあわせ」の記述を見ると，「いじめられた」「怒られた」は各群に共通するようです。そのほか日本では「ゲームができないとき」などが挙げられました。日本在住外国人児童では「先生が家に電話する」（何か叱られることに繋がりそうです），「みんなの仲が悪いとき」などが挙げられました。モンゴルでは「家族」と一緒にいるかいないかが幸せの基準になっているようです。フィンランドでは，そもそも幸福度得点の低い子どもが少ないというように，各群による特徴が認められました。いずれにしても，幸福度得点の低い子どもたちは，「ふしあわせ」として記述された方のネガティブな体験を多くしている可能性があり，臨床的な支援が求められているのではないかと思います。教育現場では一人ひとりを丁寧に見ていきたいところです。

表 4　幸福度得点が低い子どもの記述内容

	しあわせ	ふしあわせ
日本	食べるとき 今生きていること たくさん友達がいるとき 遊ぶとき 学校から帰りゲームをするとき	怒られたとき いじめられたとき いじめを見たとき 約束などをやぶってゲームができ ないとき
外国人	友達と遊ぶとき おいしいものをたべるときうたを 　きいたり，うたってるとき 友達と仲良く遊んだり， しゃべったりしているとき	先生が家にでんわしたとき 悪口を言われたりいじめられてい 　る人を見たとき おこられたり，いやなことを言わ 　れたり，みんなの仲が悪いとき
モンゴル	一人でいるとき 家族と一緒にいるとき 家族と旅行に行ったり，山や川に 　行ったとき お父さんとお母さんと一緒に旅行に 　行って面白いことがあったとき	たくさんの人といるとき いじめられるとき 家族が喧嘩したり殴りあったり， 仲が悪いとき 家で一人でいるとき
フィンランド	ゲームをしているとき 友達と一緒にいるとき なにか買ってもらえたとき 乗馬をしているとき のんびりしているとき	ゲームができないとき 遊びができないとき 友達が家に遊びに来ないとき 約束したものを買ってもらえない とき 中学校へ進むのに大きすぎるステ ップを上らないといけないとき

IV　まとめ

　子どもの幸福感の検討には，子どもをとりまく環境や文化の影響を考慮する必要があると考えられます。今回の結果から，特に日本在住外国人児童の幸福度が日本人より有意に低いことは気になります。歴史的に多民族国家ではない日本において，外国人児童のウェルビーイング向上は，今後の教育現場における課題であると考えられます。

付　　記
本章はじめ 6・7・12 章で紹介する国際比較調査にご協力いただきました日本，フィン

ランド，モンゴルの小学校の児童皆様，保護者皆様と教職員皆様に深く感謝申し上げます。

また，以下の関係者皆様にも多大なご協力をいただきました。記して感謝申し上げます。

フィンランド調査：ケスキネン（Soili & Esko Keskinen）ご夫妻（トゥルク大学），ケンピネン（Lauri Kemppinen）先生（トゥルク大学），フィンランド語通訳のナーバラ（Narbrough Tristan）先生，竹形理佳先生（フィンランド在住心理学者），畠垣智恵先生（静岡大学）

モンゴル調査：オドゲレル（Dandii Odgerel）先生（モンゴル国立教育大学），オユーントンガラグ（Nergui Oyuntungalag）先生（モンゴル国立教育大学）

調査全体：名古屋大学大学院教育発達科学研究科心理発達科学専攻院生皆様

文　　献

Helliwell, J., Layard, R., Sachs, J., De Neve, J., Aknin, L., Wang, S. & Paculor, S. (Eds.) (2022) World Happiness Report 2022. Sustainable Development Solutions Network.（2022年3月30日アクセス）

OECD (2019) PISA 2018 Results. http://www.oecd.org/pisa/publications/pisa-2018-results.htm（2022年4月8日アクセス）

Tsuboi, H., Matsumoto, M., Keskinen, S., Kivimaki, R., Suzuki, N., Hatagaki, C., Nomura, A., Kaito, K. & Morita, M. (2012) Japanese Children's Quality of Life (QOL); A Comparison with Finnish Children. Japanese Journal of Child and Adolescent Psychiatry, 53, Supplement; 14-25.

Tsuboi, H., Matsumoto, M., Odogerel, K., Ninomiya, Y., Keskinen, S., Keskinen, E., Oyuntungalag, N., Nomura, A., Suzuki, N., Hatagaki, C., Matsumoto, H. & Morita, M. (2019) An international comparison of happiness in foreign children in Japan, Japanese, Finnish, and Mongolian children (1): Analysis of happiness scale,The 18th International Congress of European Society for Child and Adolescent Psychiatry.

第6章

子どもたちの幸福感の国際比較：「文章完成法」から①

──子どもたちにとって幸せとは

野村あすか

Ｉ　はじめに

　近年，国際的な調査などを通じて，子どもたちの幸福度に改めて関心が集まるようになってきました。たとえば，ユニセフが行っている子どもの幸福度調査（UNICEF Innocenti, 2020）では，精神的幸福度（生活満足度と自殺率），身体的健康（死亡率と肥満率），スキル（数学および読解力の習熟度と社会的スキル）の側面から子どもたちの幸福度を捉えています。日本の子どもたちの総合的な幸福度は38カ国中20位であったものの，身体的健康は1位，精神的健康度は37位という両極端な結果であったことが話題となりました。また，「Children's Worlds」（Rees et al., 2020）という大規模調査では，経済，家庭，学校，全般的な幸福感，子どもの権利など12の側面について，子どもたち自身が回答した結果を公表しています。この調査では，ほとんどの子どもたちは幸福感に関して肯定的な回答をしていたものの，上位は南ヨーロッパ諸国が占め，最下位8カ国はすべてアジア諸国というように，国や地域による差があることが明らかになりました。しかし，子どもの幸福度や幸福感に関する調査は，成人の調査に比べると多くはありません。また，子どもたちがどのようなときに，もしくは何をもって幸せだと感じるのかについては，既存の指標を用いるのみならず，子どもたちの声を拾いながら検討していくことが求められます。

　そこで私たちは，成人に対して行われた幸福感の自由記述調査（大山, 2012）を参考にして，子どもたちの幸福感の様相を文章完成法（Sentence Completion Test; SCT）によって調べることにしました。SCT は，最初に刺激語を与えて，それに続く文章を自由に考えて完成させるというものであ

り，投映法の心理検査の一種としても用いられています。教示を理解して文章で回答する力は求められるものの，子どもたちが何を感じ考えているのかをより具体的に把握することができます。また，刺激語が決まっているために，完全な自由記述形式の調査よりは，ある程度まとまった回答が得られることが期待できます。この調査を通じて，日本在住の外国人児童を中心とした子どもたちが，どのようなときに幸福あるいは不幸だと感じているのか，そこには国や文化による差異があるのかどうかを明らかにしたいと考えました。本章では，幸福感に関わる調査の結果を報告します。

II　調査方法

1．調査協力者

5章と同一の協力者のうち，幸福感に関するSCTに回答した小学校4〜6年生946名を分析の対象としました。日本人児童は469名，日本在住外国人児童は110名，フィンランド人児童は247名，モンゴル人児童は120名でした。

2．調査内容

大山（2012）を参考に作成した幸福感に関するSCT3項目（「わたしがしあわせだと思うときは……です」「わたしがふしあわせだと思うときは……です」「わたしにとってしあわせとは……です」）と，幸福度をはかる1項目について尋ねました。本章では，SCTのうち「わたしがしあわせだと思うときは……です」に対する回答を分析しました。

3．手続きと分析方法

本研究の実施手続きについては，名古屋大学大学院教育発達科学研究科研究倫理委員会の承認を得ています。具体的な手続きについては，5章を参照してください。

分析には，計量テキスト分析ソフトであるKH Coder（樋口，2020）と，WordMiner® を用いました。これらのソフトウェアを用いて，児童の文章を最小単位の語に分解し，語のカウントが可能な形に変換しました。分析の実施前には，得られた単語を以下のように整理しました。①表記（ひらがな，

カタカナ，漢字）は異なるものの，読みは同じである単語を統一しました。②ほぼ同じ意味をもつ単語を最小範囲内で統一しました（例：「ママ」と「お母さん」など）。なお，「幸せ」という単語は，質問項目に含まれているため，分析から除外しました。このような準備を行ったあとに，2つの分析を行いました。1つは，KH Coder を用いた共起ネットワーク分析です。この分析では，それぞれの群において，どのような単語が特徴的に出現していたのかを図式化し，視覚的に把握することができます。もう一つは，WordMiner® を用いた有意性検定です。この分析では，それぞれの群において出現頻度が有意に多かった単語を見出すことができます。

Ⅲ　結　　　果

1．各群の児童に共通した幸福感の特徴

　図1には共起ネットワーク分析の結果を，表1には単語の有意性検定の結果を示します。共起ネットワーク分析では，四角の中には日本人児童，日本在住の外国人児童，フィンランド人児童，モンゴル人児童の4つの群が，円の中には単語が示されています。円が大きいほど，単語の出現数が多いことを表しています。また，群と単語を結ぶ線が濃いほど，その群と単語との結びつき強いことを意味しています。有意性検定では，他の群と比較して出現頻度の高かった単語を1位から20位まで並べています。

　図1より，「友達」「家族」「一緒」という語が，4群に共通して用いられていることがわかりました。家族や友達といった重要な他者と一緒に過ごすことは，子どもたちにとってある程度普遍的な幸福の形であると考えられました。

2．各群の児童に特有な幸福感の特徴

　共起ネットワーク分析と有意性検定から見えてきた，各群の児童の特徴についてまとめます。

1）日本人児童

　共起ネットワーク分析では，「遊ぶ」「食べる」「ご飯」が，日本在住の外国人児童とともに，特徴的な語として抽出されました。また，「家」と「寝る」は，日本人児童に特徴的な語でした。有意性検定では，「話す」「風呂」「食べ

物」「好き」なども他の群と比べて有意に多く出現していました。

　原文をみると，有意性検定で最も検定値の高かった「遊ぶ」は，「友達」や「一緒」とともに用いられることが多く，同様に「話す」も「友達」や「家族」とともに用いられていました。自分にとって重要な他者との遊びや会話というひとときが，幸せであると考えられているようでした。また，「食べる」は「食べ物」「ご飯」「好き」「美味しい」などと一緒に用いられることが多く，好きなものやおいしいものを食べることに幸せを見出している児童もいることがわかりました。さらに，「寝る」は「風呂」「布団」「入る」などと一緒に用いられており，入浴や睡眠など休息をとることに幸せを感じている児童もいるようでした。なお，「ゲーム」は日本人児童のみならず，日本在住の外国人児童とフィンランド児童にも結びつきの強い語でしたが，有意性検定では日本人児童に最も特徴的な語とされました。日常生活の中で好きなことをすることに幸せを見出している日本人児童にとって，ゲームもまた大切な娯楽の一つとなっていることがうかがわれました。

2）日本在住の外国人児童

　日本在住の外国人児童も日本人児童と同様に，共起ネットワーク分析では，「遊ぶ」「食べる」「ご飯」「ゲーム」が特徴的な語となっていました。また，「読む」「本」「出掛ける」「聞く」は外国人児童に特徴的な語でした。外国人児童もまた，日常生活の中で好きなことをすることを通じて，幸せを感じているようです。

　有意性検定で最も検定値の高かった「出掛ける」は，「家族」や「友達」とともに用いられていました。また，「聞く」は「歌」や「音楽」とともに用いられていました。なお，「分からない」という記述については，幸せを感じる場面や状況が分からない，あるいはうまく言葉にできないという意味であると考えられました。

3）フィンランド人児童

　共起ネットワーク分析では，「貰う」「上手い」「学校」「素敵」「好きなこと」「出来る」「会う」「成功」が特徴的な語として抽出されました。また，有意性検定では，他の群と比べて，「一緒」「良い」「友達」といった記述が有意に多いことも特徴的でした。

　有意性検定で最も検定値の高かった「出来る」は，「好き」「ゲーム」「リラックス」「スポーツ」「遊ぶ」「趣味」などと一緒に用いられていました。日本

人児童と同様にフィンランド人児童もまた，好きなことができるということに幸せを感じているようです。「貰う」は「成績」「良い」「試験」などと一緒に用いられることが多く，「試験でよい成績を貰うとき」といった記述が認められました。「上手い」は「様々な」「趣味」「学校」などとともに用いられており，さまざまな場面で何かがうまくいくということも幸せに大きくかかわってくるようでした。「素敵」は「良い」や「起きる」などと一緒に用いられていました。「成功」は単独で用いられることが多く，それ自体が幸せなことであるようでした。これらのことから，フィンランド人児童にとっては，日常の中で何か特別なことが起こることや，成功体験があることも幸せに結びつくものと考えられました。

４）モンゴル人児童

　共起ネットワーク分析では，「お父さん」「お母さん」「弟」「兄さん」「姉さん」「おじいちゃん」「おばあちゃん」といった家族成員に関する記述が数多く抽出され，有意性検定においても上位を占めていました。原文をみると，モンゴル人児童は「家族」とひとまとめにして表現するというよりも，「お父さん，お母さん，おじいちゃん，おばあちゃんと一緒にいるとき」というように，個々の家族を列挙することが多いようでした。また，「映画」「見る」「旅行」なども家族を表す言葉とともに用いられており，多くの子どもたちが家族と一緒に何かをすることに対して幸せを見出しているようでした。このほか，「満点」「取る」という記述も特徴的でした。原文を見ると，「試験で満点を取る」というように，学業上の達成という文脈のなかで多く用いられていました。

IV　子どもたちにとっての幸せとは

　幸福感に関するSCTの反応内容から，子どもたちの考える幸せの形が見えてきました。以下では，いくつかの観点からまとめてみたいと思います。

1．対人関係

　すべての群に共通して多く用いられていた語は，「友達」「家族」「一緒」でした。他者との関係の良好さが子どもたちの幸福感に結びつくことは，これまでの研究においても示されています（Exenberger et al., 2019）。今回の調査

においても，国や文化にかかわらず，家族や友人といった重要な他者との関係性が子どもたちの幸福感と大きく関わっていることが裏付けられました。

　「家族」について，特にモンゴル人児童は，親だけではなくきょうだいや祖父母といった家族成員を挙げていることが特徴的でした。モンゴルの家族は，伝統的にゲルやユルと呼ばれるテントで生活しています。このような環境では，身体的にも心理的にも密接な関わりが生まれ，家族の結びつきがより強くなることが考えられます。アジアの文化は集団的・相互依存的と言われることがありますが，こうした文化的特徴が，モンゴルの子どもたちの記述にもよく表われていたと言えます。

　「友だち」については，4群の中でも特にフィンランド人児童がよく言及していることがわかりました。筆者らが以前に実施したSCTに関する研究（野村ら，2013）では，フィンランドの子どもたちには「私は友だちと……」という刺激文に対して「一緒にいる」「時間を過ごす」といった反応が多く認められました。一見すると肯定的な意味合いがあるのかどうかがやや分かりにくい記述ではありますが，今回の調査を通じて，フィンランドの子どもたちにとって友人と過ごす時間は幸せなひとときであるということが改めて示されました。

2．達成感

　フィンランド人児童には，「上手い（上手くいく）」や「成功」といった記述が多く認められました。学校での学習をはじめとして，さまざまなことがうまくいくことや，何かを達成できるということが，フィンランドの子どもたちの幸福感に結びついていることがわかりました。フィンランドの先行研究においては，学業での成功が幸福感と関連していることが明らかにされていますが（Uusitalo-Malmivaara, 2012），今回の調査においても同様の特徴が認められたと言えます。モンゴル人児童においても，学習においてよい結果を出すことが，幸福感と関連していることが示されました。

　一方で，日本人児童や日本在住の外国人児童には，上記のような達成感に関わる記述はあまり目立ちませんでした。このことについては，次章で報告する不幸感の結果も踏まえて考えていく必要がありそうです。

3．ポジティブ感情

　日本人児童，日本在住の外国人児童，フィンランド人児童は，日常生活の中で好きなことをするときに幸せを感じているようでした。こうした快楽的な幸福は，一般的には西洋の特徴であると考えられていますが（Joshanloo, 2014; Exenberger et al., 2019），フィンランド人児童のみならず，日本人児童と日本で暮らす外国人児童にも同じような特徴が認められたことは興味深いです。一方で，日本人児童の中には，入浴や睡眠などに幸せを見出している子どもたちもいました。この点については，覚醒度の低い感情が幸福感として認識されやすいという東アジアの文化的特徴（Uchida & Ogihara, 2012）が反映されているようにも思われます。日本在住の外国人児童については，覚醒度の低い感情にかかわる記述はあまり目立たず，出掛けること，読書をすること，音楽を聞くことなど，より能動的な活動が幸福感と結びついているようでした。

　以上の観点は，ポジティブ心理学の第一人者セリグマン（Seligman, M. E., 2011）がウェルビーイングを捉えるために新たに提唱した「Flourish」の概念と，いくつか重なるところがあります。セリグマンは，Flourish に至るためには，PERMA と呼ばれる5つの要素，すなわち「ポジティブ感情（Positive emotion; P）」「物事への関与（Engagement; E）」「他者との関係性（Relationship; R）」「人生の意味（Meaning; M）」「達成感（Achievement; A）」を高める必要があることを提唱しました。今回の調査を通じて，他者との関係性は国や文化を超えて子どもたちの幸福感に関わることや，達成感やポジティブ感情が子どもたちの幸福感と結びつくかどうかは，国や文化によって異なる可能性があることなどが示唆されたと言えます。

Ⅴ　おわりに

　日本在住の外国人児童は，どのようなときに幸せだと感じているのでしょうか。調査を経て改めてこの問いに立ち返ると，外国人児童も他の群の児童と同様に，家族や友人といった重要な他者とのよい関係性の中に幸せを見出していることや，フィンランド人児童や日本人児童と同様に，好きなことを通じて幸せを感じていることなどがみえてきました。一人ひとりのルーツは

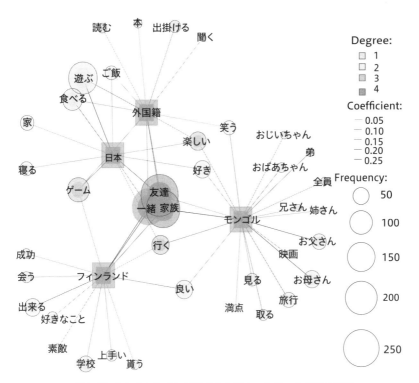

図1 「しあわせなとき」に関する共起ネットワーク分析の結果

多種多様であるため，ひとくくりに「外国人児童」として幸福感の形を示すことが妥当であるかどうかは，検討の余地があるかもしれません。また，外国人児童に「分からない」という記述が散見されたことも踏まえると，質問紙以外のさまざまな方法も取り入れながら，幸福感の様相についてより詳細に明らかにしていくことも必要になるかもしれません。しかし，本調査を通じて，子どもたちが自分なりの言葉で「幸せなとき」について表現してくれたことは，紛れもない事実です。子どもたちの声を丁寧に受け止め，幸せを感じられる環境を整えていくことは，私たち大人にとっての大切な役割となるように思われます。

付　記
本章の一部は『Nomura, A., Matsumoto, M., Kemppinen, L., Odogerel, D., Ninomiya, Y.,

$*p < .05$
$**p < .01$

表1　「しあわせなとき」有意性検定の結果

	日本人児童			日本在住の外国人児童			フィンランド人児童			モンゴル人児童		
	対象語	検定値	有意差	対象語	検定値	有意差	対象語	検定値	有意差	対象語	検定値	有意差
1位	遊ぶ	8.22	**	出掛ける	3.29	**	出来る	8.39	**	お父さん	7.88	**
2位	食べる	5.56	**	分からない	3.11	**	上手い	6.71	**	お母さん	6.96	**
3位	寝る	5.34	**	聞く	2.81	**	一緒	5.78	**	弟	4.46	**
4位	ゲーム	5.23	**	遊ぶ	2.61	**	良い	5.46	**	映画	4.21	**
5位	話す	3.57	**	ハンバーグ	2.34	*	友達	5.13	**	姉さん	3.83	**
6位	ご飯	3.03	**	本	2.12	*	素敵	4.92	**	満点	3.83	**
7位	風呂	3.02	**	歌	1.93	*	成功	4.11	**	取る	3.79	**
8位	食べ物	2.95	**	読む	1.86	*	合う	3.57	**	全員	3.76	**
9位	好き	2.85	**				買う	3.53	**	散歩	3.41	**
10位	ディズニーランド	2.47	*				身近	3.01	**	兄さん	3.37	**
11位	テレビ	2.18	*				学校	2.74	**	行く	3.25	**
12位	生きる	2.18	*				趣味	2.51	*	おじいちゃん	3.02	**
13位	ゆっくり	2.15	*				好きなこと	2.39	*	おばあちゃん	3.02	**
14位	触る	2.15	*				スポーツ	2.21	*	旅行	2.89	**
15位	布団	2.15	*				成績	2.21	*	笑う	2.58	**
16位	バスケットボール	2.02	*				気にしてくれる	2.08	*	クラスメート	2.40	*
17位	犬	2.02	*							ダンス	2.40	*
18位	美味しい	2.02	*							人々	2.40	*
19位	入る	1.91	*							家族	2.21	*
20位	元気	1.80	*									

Keskinen, S., Keskinen, E., Oyuntungalag, N., Tsuboi, H., Suzuki, N., Hatagaki, C., Inagaki, M., Fukui, Y. & Morita, M. (2019) An International Comparison of Happiness in Foreign Children in Japan, Japanese, Finnish, and Mongolian Children (2): Analysis of the Sentence Completion Test on Sense of Happiness. The 18th International Congress of European Society for Child and Adolescent Psychiatry, Vienna, Austria.』 お よ び『Ninomiya, Y., Matsumoto, M., Nomura, A., Kemppinen, L., Odgerel, D., Keskinen, S., Oyuntungalag, N., Tsuboi, H., Suzuki, N., Hatagaki, C., Fukui, Y. & Morita, M. (2021) A Cross-Cultural Study of Happiness in Japanese, Finnish, and Mongolian Children: Analysis of the Sentence Completion Test. Child Indicators Research, 14; 871-896.』より引用しています。

文　　献

Exenberger, S., Banzer, R., Christy, J., Hofer, S. & Juen, B. (2019) Eastern and Western children's voices on their well-being. Child Indicators Research, 12; 747-768.

樋口耕一 (2020) 社会調査のための計量テキスト分析―内容分析の継承と発展を目指して［第2版］ ＫＨ Coder オフィシャルブック．ナカニシヤ出版．

Joshanloo, M. (2014) Eastern conceptualizations of happiness: Fundamental differences with western views. Journal of Happiness Studies, 15(1); 475-493.

野村あすか・松本真理子・坪井裕子・鈴木伸子・畠垣智恵・垣内圭子・大矢優花・森田美弥子 (2013) 文章完成法から見た日本とフィンランドの児童生徒の自己像と対人関係．心理臨床学研究，31(5); 844-849.

大山泰宏 (2012) 何が人を幸福にし何が人を不幸にするのか―国際比較調査の自由記述分析．心理学評論，55(1); 90-106.

Rees, G., Savahl, S., Lee, B. J. & Casas, F. (Eds.) (2020) Children's views on their lives and well-being in 35 countries: A report on the Children's Worlds project, 2016-19. Jerusalem, Israel: Children's Worlds Project (ISCWeB).

Seligman, M. E. (2011) Flourish: A visionary new understanding of happiness and well-being. New York: Simon & Schuster.

Uchida, Y. & Ogihara, Y. (2012) Personal or interpersonal construal of happiness: A cultural psychological perspective. International Journal of Wellbeing, 2(4); 354-369.

UNICEF Innocenti (2020) Worlds of Influence: Understanding what shapes child well-being in rich countries, Innocenti Report Card 16. UNICEF Office of Research. Innocenti, Florence.

Uusitalo-Malmivaara, L. (2012) Global and school-related happiness in Finnish children. Journal of Happiness Studies, 13(4); 601-619.

第7章

子どもたちの幸福感の国際比較：
「文章完成法」から②

——子どもたちにとって不幸せとは

二宮有輝

■ 事例「ガブリエル（12歳）：不幸せな気持ちを抱える外国人児童」

　ガブリエルは小学6年生の男子児童である。両親ともに外国出身であり，仕事のために日本に来た。ガブリエルは両親が日本に来てから生まれた子どもであり，日本で生まれ育った子どもである。

　ガブリエルが好きなのは，外で友達と一緒に遊ぶことと，休日に家族で買い物に出かけたり，公園などに遊びにいくことである。友達や家族と一緒に楽しい時間を過ごしている時，ガブリエルは幸せいっぱいな気持ちになる。また，一人で本や漫画を読むことも好きであり，自分の好きなことをしているときはおだやかな気持ちで過ごすことができる。

　一方，ガブリエルを憂うつな気持ちにさせることもある。学校には仲の良い友達もいるが，ガブリエルに対していじわるをしてくる子もいるのである。例えば，休み時間に大勢で遊ぶ際にガブリエルだけ仲間はずれにされたり，「外人」「バカ」といった悪口を言われるなどのいじめを受けることがたびたびある。ガブリエルは自分の気持ちを言葉で表現することが苦手で，嫌なことがあってもぐっと我慢して耐えていた。しかし，こうしたいじめを受けると，悲しい気持ちや惨めな気持ちになり，いつもとても嫌な気持ちになっていた。

　また，家族との関係に関しても，ガブリエルを憂うつにすることがある。ガブリエルは両親と楽しく過ごす時間が好きだったが，自分の気持ちをわかってくれないとも感じていた。先の学校でのいじめに関しては，両親は「男の子なんだからそんなことでメソメソするな」「嫌なことをされたらやり返せ」といった考えを持っていたため，相談したら逆に情けないと怒られてし

まうと感じて，相談できずにいた。また，母親はガブリエルに，日本の学校に進学し，日本で就職してほしいと望んでいた。そのため，ガブリエルに対して一生懸命勉強するよう強く言うことがあった。ガブリエルが学校のテストで悪い点数を取ったり，勉強せずに遊んでいると，「そんなことでは良い学校に行けないよ！」と強く叱責することがあるため，ガブリエルは母親に怒られることを苦痛に感じていた。一方，父親はどちらかといえば，ガブリエルには伸び伸びと育ってほしいと考えているため，父親と母親はガブリエルの教育をめぐってしばしば口喧嘩をしていた。ガブリエルにとって，両親が自分のせいで喧嘩をすることはとてもつらいことであり，悲しい気持ちになった。

上記のように，ガブリエルは家族や学校の友達との関係を通して幸せを感じつつも，同時に，傷つき，不幸せな気持ちになることもある。また，こうした葛藤を身近な人々にわかってもらいたいと思いつつも，理解してもらえないのではないかという懸念から，なかなか相談できず，一人で抱え込んでしまっていることがうかがえた。

I　はじめに

子どもたちに「しあわせって感じるのはどんなとき？」と聞くと，「友達と遊んでいるとき」「家族と一緒にいられるとき」など，さまざまな答えが返ってきます。こうした答えの中の一つに「不幸じゃないとき」というものがあります。

子どもの幸せを考える際には，「〜があれば幸せ」というプラスの要素だけでなく，マイナスの要素，すなわち子どもが幸せに生きることを阻害する要因も考慮しなければなりません。実際に，子どもの幸福度に関する調査では，乳児死亡率や金銭的・物質的剥奪，いじめといったマイナスの要素の有無が考慮されています（ユニセフイノチェンティ研究所・阿部・竹沢，2013）。近年では持続可能な開発目標（Sustainable Development Goals；SDGs）の観点からも，子どもの幸せを増進し，不幸を低減，あるいは解消することで包括的に子どもの幸せを追求する動きが高まっていると言えます。

一方，子どもたち自身は何を「不幸」と捉えているのでしょうか。実は，子どもの幸福に関する調査研究では，研究者や大人が考える指標として用い

られることが多く，主体である子どもたち自身の視点が取り入れられていないことが多いのです（Ben-Arieh, 2005）。特に，日本においてはこうした子どもの視点に基づいた幸福研究はほとんどありません。その中でも，子どもたち自身が考える不幸の定義は，今日に至るまで全くと言って良いほど検討されていません。

　そこで，本章では子どもたち自身がどのような時に不幸を感じるのか，すなわち不幸の文脈的な定義を明らかにするために行った調査および分析の結果を紹介します。これらの結果を通して，本書のテーマである外国人児童を中心として，子どもたちの不幸に関する考え方の文化的背景の違いについて考えたいと思います。

■　II　調査方法

1．調査対象

　5章と同一の対象のうち，不幸に関する自由記述文に回答した小学校4〜6年生の児童886名を分析対象としました。そのうち日本人児童は469名，日本在住の外国人児童は110名，モンゴル人児童は103名，フィンランド人は児童247名でした[注1]。

2．調査内容

　5章で紹介した項目のうち，不幸に関する自由記述「わたしがふしあわせだと思うときは……です」に対する回答を分析対象としました。

3．分析方法

　自由記述データの分析にはテキストマイニングという手法を用いました。テキストマイニングとは，統計ソフトを用いて膨大なテキストデータから有意味な知見を抽出するための分析手法です。テキストマイニングでは分析に用いる単語の種類が多すぎると結果の解釈が困難となるため，以下の手順で分析の事前準備を行いました。①同じ読み方で表記が異なる単語，および同

注1）幸福感に関するSCTの調査対象者と人数が異なるのは，幸福感に関するSCTと不幸に関するSCTとで回答した人数が異なるためです。

じ意味の単語を統一しました（例：「ママ」と「お母さん」，「気分」と「気持ち」）。②ひらがな語は重要な名詞と考えられた「いじめ」を除いて分析対象から除外しました。また，③否定表現（「わからない」「できない」など）は内容的観点からそのままの形で抽出しました。その後，分析ソフトを用いて共起ネットワーク分析を行いました。この分析では，同じ文中に一緒に出現する単語と群変数を線で結び，関係性を視覚的に把握することができます。次に，有意性検定を行いました。この分析では，それぞれの群で有意に多く出現した単語を見出すことができます。なお，この調査は名古屋大学大学院教育発達科学研究科研究倫理委員会の承認を得た上で実施しました。

Ⅲ　結　　果

1．各国の子どもと日本在住の外国人児童が考える不幸の特徴

　図1に共起ネットワーク分析の結果を，表1に有意性検定の結果を示します。

　共起ネットワーク分析では，円が単語，四角が群変数をそれぞれ示しています。単語については，円が大きいほど出現数が大きい単語を意味しています。また，群と単語を結ぶ線が濃いほど，その群と単語の関連が強いことを意味しています。また，この分析では，中央に4つの群全てで共通してよく用いられている単語が配置され，その次に2ないし3つの群で共通してよく用いられている単語が配置されます。そして，それぞれの群からのみ外側に伸びている単語は，それぞれの群で特徴的に使用されている単語と解釈されます。

　図1から，「友達」との「けんか」「いじめ」という，友達関係における苦痛な体験が全ての群に共通して多いことがわかります。このことから，友達関係におけるけんかやいじめは，子どもたちにとって普遍的な不幸と言えそうです。

　続いて，分析の結果から考えられるそれぞれの群の特徴について述べます。

2．日本人児童

　「宿題」「テスト」「マラソン」など，学校の勉強に関連した語が特徴的でした。また，有意性検定では他に，「怒る」「嫌い」「ないです」「嫌」「食べる」

「走る」「けんか」が有意に多く出現していました。「嫌い」は「教科」「食べ物」「自分」「食べる」などと同じ文中で使用されており，子どもたちにとって嫌なことをしなければいけないことを意味していました。「勉強」や「宿題」が有意に多いことも，同様の理由だと考えられます。また，「嫌」は「言う」「友達」「家族」などと同じ文で使われることが多く，原文では「嫌なことを友達や家族から言われる」といった記述がみられました。なお，「ない」は「不幸だと思うときはない」という回答です。

　加えて，日本人児童は「怒る」を有意に多く用いていました。「怒る」は「お母さん」「親」「先生」「家族」「お父さん」などと同じ文中で用いられ，原文を参照すると，日本人児童の多くがこれらの人物達から怒られることを不幸として挙げていました。

　また，有意性検定の結果，日本人児童は他の群に比べて，「一人」という語をあまり使用しないという結果も得られました（$p<.01$）。他の群では「一人ぼっち」であることが不幸を感じるときとして挙げられることが多かったため，日本人児童の特徴を表す結果として興味深いものと考えられます。

3．外国人児童

　共起ネットワーク分析では，「仲間はずれ」，「悪口」「分からない」「怪我」といった語に特徴付けられていました。また，有意性検定では，他に「暇」「トラブル」「家出」「悲しむ」「言う」「お母さん」「家」といった語が有意に多いという結果となりました。

　「仲間はずれ」や「悪口」といった単語から，友人関係における傷つきが外国人児童における不幸の要因であることが考えられます。原文では，例えば「友達にいじめられたり，仲間はずれにされる（とき）」といった回答がみられました。

　また，「家出」「お母さん」「家」という単語が有意に多いことから，家庭での問題も外国人児童の不幸の要因として挙げられやすい可能性が考えられます。原文では，「家出をしたいけどしたくない。足が動かない」「お父さんとお母さんがけんかしている（とき）」「お母さんに怒られるとき」などが挙げられました。また，「家」は「暇」とも関係しており，「家でひとりぼっちで暇な（とき）」などの回答もみられました。なお，「悲しむ」は，自分や友達，家族が悲しい気持ちになること，という内容を反映していました。

　最後に、「分からない」という回答は外国人児童に特徴的にみられた回答です。これはもしかすると、質問の意図が分からなかったか、どのように答えて良いか分からなかったのかもしれません。言語的な困難をもつ場合がある外国人児童に対しては、言葉で反応を求めるSCTの適用に課題がある可能性が考えられます。

4．フィンランド人児童

　共起ネットワーク分析では、「起きる」「悲しい」「病気」「上手くいかない」「気分」「出来ない」「行く」「死ぬ」「自分」がフィンランド人児童に特徴的な語として挙げられました。このうち、「起きる」と「悲しい」、「病気」と「身近」「死ぬ」「自分」は互いに共起関係にありました。これらの語は自分や身近な他者に良くないことが起きるという内容を意味しているようでした。
　また、「上手くいかない」はさまざまな物事が上手く運ばないという記述を反映していました。有意性検定において有意に多かった語のうち、「成功」や「失敗」「悪い」といった語も、自身の行動の結果が思わしくなかったという内容を反映していました。
　さらに、有意性検定の結果は、フィンランド人児童は「怒る」という語をあまり使用しないことを示していました。

5．モンゴル人児童

　共起ネットワークでは、「見る」「一緒」「点数」「取る」が特徴的な語として挙げられました。このうち、「点数」は「取る」「悪い」「試験」「怒る」と共起していました。これらの語は「試験で悪い結果を取って両親に怒られる」などの記述を反映していました。また、有意性検定では「お父さん」や「人々」も有意に多い結果となりましたが、「お父さん」は「お母さん」「怒る」などと共起しており、「お父さんとお母さんに怒られる」などの記述を反映しているようでした。加えて、「人々」も「怒る」と共起しており、日本人児童と同様に、モンゴル人児童においても周囲の人に怒られることが不幸として認識されていることがうかがえました。
　その他、有意性検定では「一人」「家族」「寂しい」なども有意に多く出現していました。「一人」と「孤独」はいずれもひとりぼっちでいることを意味しています。また、「家族」は「一緒」「仲」「友達」「お母さん」「悪い」と共

起しており，原文では，例えば「家族と一緒にいられないとき」「家族の仲が悪いとき」などの記述が見られました。

VI　子どもの考える「不幸」のテーマ

　日本，フィンランド，モンゴル，そして外国人児童が考える不幸を分析した結果，いくつかのテーマが見えてきました。ここでは，それらを整理したいと思います。

1．対人関係に関する不幸

　日本人児童やモンゴル人児童，そして外国人児童は，「家族」と「怒られる」とを関連づけていることが示唆されました。怒る，叱ることは，子どもが適切な行動を身につけるためのしつけですが，重要なのは怒られた子どもが反省して行動を修正するかどうかです。怒られる経験が子どもにとって単なる不幸な経験にならないようにするためには，子どもが親との間に情緒的絆，すなわち信頼関係を認識している必要があります（藤田・丸野，1992）。

　外国人児童に関しては，友人関係の中で「仲間はずれ」にされたり「悪口」を言われたりすることに加え，家庭内の問題について言及していました。外国人児童のサンプル数は他の群に比べると少ないため，結果を一般化し過ぎることは危険ですが，外国人児童が考える不幸には，学校や家庭での居場所のなさといった，比較的深刻な内容が挙げられるという特徴がある可能性が考えられます。

　モンゴルの子どもたちは，家族と一緒にいられないこと，つまり孤独と不幸を結びつけているようでした。また，日本と同様に親に怒られる，ということへの言及が多いことが特徴でした。モンゴルの家族は，伝統的に家族が密接な関係にあり，結びつきが強い一方で，目上の者への敬意が強調され，親は子どもに対して権威主義的な態度をとることが多く（Oyunbileg et al., 2009），親からの体罰も多い（Kohrt et al., 2004）とされています。今回の調査の結果は，モンゴルの伝統的な文化的側面を反映している可能性があります。

　一方，フィンランドの子どもは「怒られる」という言葉をあまり使わないことも示されました。フィンランドの子どもたちは，親や先生から怒られる

ことが少ない，あるいは怒られることに不満を感じていないのかもしれません。

なお，他3群が「一人であること」を不幸の原因として言及していたのに対して，日本人児童はあまり言及していませんでした。「しあわせなとき」との関連で言えば，日本人児童は一人でゆっくり過ごす時間を大事にしているのかもしれません。同じ環境で過ごしている外国人児童との違いとしては，外国人児童の方が文化的に家族とのつながりをより大事にしている可能性などが考えられます。

2．達成感

達成に関する言及は，特にフィンランドの児童によく見られました。「成功」，「失敗」，「上手くいかない」などの言葉がこれに該当します。フィンランド人児童は幸福感に関して学業の成功を重視していることは，先行研究でも示されています（Uusitalo-Malmivaara, 2012）。

モンゴルの児童もまた，成績が悪いことに言及していましたが，それらは「怒られること」と共起していました。フィンランドとモンゴルは成果への言及という点では共通していましたが，フィンランド人児童における成果は達成感や自信などの内的要因に媒介されて幸福感に影響を与えるのに対し，モンゴルでは親の評価などの外的要因が学習成果を媒介して幸福感に影響を与えるという違いがあるのではないかと考えられました。

なお，日本人児童は「マラソン」「嫌いな教科」「宿題」「勉強」について言及していましたが，これらの言葉は，達成感や外部からの評価とは異なり，嫌いなことややりたくないことを強制されていることを示しているようでした。日本の子どもの学習達成度は高い水準にあるものの（ユニセフイノチェンティ研究所・阿部・竹沢，2013），学習は達成感や自信につながっておらず，苦痛や負担として認識されやすいのかもしれません。

3．死と病気

障害や病気は，幸福感に悪影響を及ぼすことが指摘されていますが（Diener et al., 1999），今回の調査では特に，フィンランド人児童において「病気」と「死」への言及が有意に多く見られました。また，フィンランド人児童は他人の「病気」や「死」にも言及していることが特徴でした。

4．ネガティブ感情

　日本人児童の特徴は，嫌なことをしなければならないという内容でした。これは，快楽追求的な幸福の考え方と言えるかもしれません。このような形の幸福は，一般的には西洋文化に特徴的なものであり（Joshanloo, 2014; Exenberger et al., 2019），東アジアに位置する日本の子どもに見られたことは興味深い結果です。

　一方，感情という意味で言えば，他3群では，「気分」（フィンランド），「悲しい・悲しむ」（フィンランド，外国人児童），「落ち込む」（モンゴル），「寂しい」（モンゴル）といった感情を表す語が多かったのに対して，日本人児童はこれらの語を使うことが少なく，「嫌」という表現にとどまることが多いという違いがありました。他の国，文化の子どもたちに比べ，日本の子どもたちは感情表現を抑制している，あるいは感情表現自体が苦手なのかもしれません。

■ Ⅴ　おわりに

　2020年にユニセフ・イノチェンティ研究所が発行したレポートカード16では，日本の子どもの精神的幸福度は先進38カ国中，37位と非常に低い水準にあることが報告され，話題となりました（UNICEF Innocenti, 2020）。このような状況の中で，子どもにとっての不幸を考えることは重要な課題であると考えられますが，子どもたち自身が何を不幸と考えるのか，という問題はこれまでほとんど取り上げられてきませんでした。

　本書のテーマである外国人児童に注目すると，日本人児童と友人関係や家庭での出来事を不幸の要因として挙げることは共通していましたが，外国人児童には「仲間はずれ」や「悪口」「家出」など，比較的深刻な内容が挙げられていることが気になるところです。また，日本人児童は「嫌」以外の感情を表す語をあまり使用していなかったのに対して，外国人児童は「悲しむ」という語を使用する傾向がありました。もしかすると外国人児童は日本人児童よりネガティブな感情を表現することが得意なのかもしれません。一方，この調査では外国人児童の人数が比較的限られていたため，結果が外国人児童の一般的な特徴を反映しているかは明らかにするためには，さらなる調査が

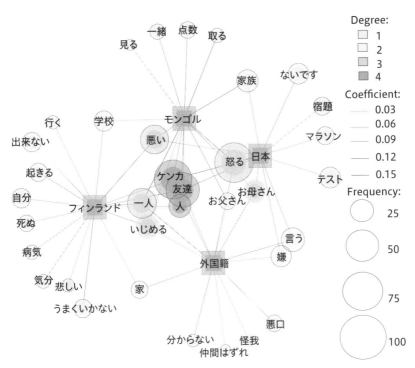

図1　共起ネットワーク分析の結果
（共起ネットワーク分析には計量テキスト分析ソフト「KH Coder」（樋口, 2020）を用いた）

必要だと思われます。また，「分からない」という回答が多かったことから，言葉で反応を求める課題を用いる際の限界を考慮する必要があるかもしれません。

　しかし，本調査の結果から，日本人児童と日本在住の外国人児童が考える不幸の内容は異なる可能性も示唆されたことは重要だと思われます。こうした違いを理解するためには，外国人児童が置かれている家庭や学校といった環境面の要因もあわせて理解していく必要があるでしょう。環境面の要因とは，子どもの幸福や不幸をもたらす，家庭や学校，社会の要因です。もちろんこれは，日本人児童にも当てはまることです。子どもたちが考える，主観的な幸福と，子どもたちが幸せに暮らせる社会環境の両方について，今後も理解を深めていくことが必要だと考えられます。

表1　有意性検定の結果

	日本			外国人児童			フィンランド			モンゴル		
	対象語	検定値	有意差	対象語	検定値	有意差	対象語	検定値	有意差	対象語	検定値	有意差
1位	マラソン	4.59	**	分からない	3.44	**	上手くいかない	5.84	**	取る	5.14	**
2位	怒る	3.96	**	眼	2.38	*	気分	4.68	**	人々	3.32	**
3位	ないです	3.82	**	トラブル	2.32	*	病気	4.03	**	落ち込む	3.32	**
4位	月例	3.82	**	家出	2.32	*	身近	3.71	**	家族	3.26	**
5位	嫌い	2.86	**	悲しむ	2.32	*	起きる	3.64	**	一人	3.14	**
6位	食べる	2.86	**	仲間はずれ	1.94	*	成功	2.98	**	幸せ	2.73	**
7位	走る	2.77	**	言う	1.79	*	退屈	2.86	**	試験	2.73	**
8位	けんか	2.50	*	お母さん	1.66	*	自分	2.72	**	笑う	2.73	**
9位	嫌	2.41	*	家	1.62	*	死ぬ	2.62	**	おとうさん	2.71	**
10位	宿題	2.13	*				いじめる	2.61	**	点数	2.71	**
11位	テスト	1.87	*				行く	2.60	**	一緒	2.60	**
12位	勉強	1.83	*				悲しい	2.60	**	帰る	2.29	*
13位	多い	1.64	*				扱い	2.55	*	寂しい	2.29	*
14位	風邪	1.61	*				近い	2.55	*	見る	2.06	*
15位	変	1.61	*				天気	2.55	*	クラスメート	2.03	*
16位							悪い	2.54	*	段々	2.03	*
17位							失敗	2.49	*	孤独	2.03	*
18位							学校	2.42	*			
19位							出来ない	2.31	*			
20位							良い	2.17	*			

*p < .05, **p < .01　注）有意性検定には、テキストマイニング用ソフト「WordMiner」を用いた。

付　記

本章は、『Ninomiya, Y., Matsumoto, M., Kemppinen, L., Odgerel, D., Keskinen, S., Keskinen, E. & Morita, M. (2019) An International Comparison of Happiness in Foreign Children in Japan, Japanese, Finnish, and Mongolian Children (3): Analysis of the Sentence Completion Test on Sense of Unhappiness (poster presentation). The 18th International Congress Of European Society For Child And Adolescent Psychiatry, Vienna, Austria.』および『Ninomiya, Y., Matsumoto, M., Nomura, A., Kemppinen, L., Odgerel, D., Keskinen, S. & Morita, M. (2021) A Cross-Cultural Study of Happiness in Japanese, Finnish, and Mongolian Children: Analysis of the Sentence Completion Test. Child Indicators Research, 14(2); 871-896.』を一部引用しています。

文　献

Ben-Arieh, A. (2005) Where are the children? Children's role in measuring and monitoring their well-being. Social Indicators Research, 74(3); 573-596.

Diener, E., Suh, E. M., Lucas, R. E. & Smith, H. L. (1999) Subjective well-being: Three decades of progress. Psychological Bulletin, 125(2); 276-302.

Exenberger, S., Banzer, R., Christy, J., Hofer, S. & Juen, B. (2019) Eastern and Western children's voices on their well-being. Child Indicators Research, 12(3); 747-768.

藤田敦・丸野俊一（1992）親の叱りことばの受容過程における子どもの状況認知の役割九州大学教育学部紀要 教育心理学部門，37(1-2); 133-142.

樋口耕一（2020）社会調査のための計量テキスト分析―内容分析の継承と発展を目指して［第2版］KH Coder オフィシャルブック．ナカニシヤ出版．

Joshanloo, M. (2014) Eastern conceptualizations of happiness: Fundamental differences with western views. Journal of Happiness Studies, : An Interdisciplinary Forum on Subjective Well-Being, 15(2); 475-493.

Kohrt, H. E., Kohrt, B. A., Waldman, I., Saltzman, K. & Carrion, V. G. (2004) An ecological; transactional model of significant risk factors for child psychopathology in outer Mongolia. Child Psychiatry and Human Development, 35(2); 163-181.

Oyunbileg, S., Sumberzul, N., Udval, N., Wang, J. D. & Janes, C. R. (2009) Prevalence and risk factors of domestic violence among Mongolian women. Journal of Women's Health, 18(11); 1873-1880.

ユニセフイノチェンティ研究所・阿部彩・竹沢純子（2013）イノチェンティレポートカード11　先進国における子どもの幸福度―日本との比較　特別編集版．公益財団法人日本ユニセフ協会（東京）．

UNICEF Innocenti (2020) Worlds of Influence: Understanding what shapes child well-being in rich countries, Innocenti Report Card 16, UNICEF Office of Research - Innocenti, Florence.

Uusitalo-Malmivaara, L. (2012) Global and school-related happiness in Finnish children. Journal of Happiness Studies, 13(4); 601-619.

第2部
外国にルーツをもつ子どもたちを支える

スクールカウンセラーがみる
子どもたちの日常

二宮有輝

事例「マクシム（7歳）：日本語の習得や学習の遅れ，行動上の問題を呈した外国人児童」

　小学校から，2年生で対応に苦慮しているクラスがあるため，一度見に来てほしいという依頼があった。指導に従わなかったり乱暴な言動をとったりする児童が数人おり，時折授業が成立しないほど騒がしくなってしまうとのことであった。

　中心となっている児童のうちの一人が，マクシムであった。マクシムはアジア系言語を母語とする国出身の両親をもつ児童である。日本語の理解と使用に困難があり，それに伴って勉強に遅れが生じている。また，授業中は落ち着きがなく，離席したり，他の児童が教師に反抗するのに反応して大声を出したりする。休み時間には他児と遊ぶことが多いが，気に入らないことがあると相手が嫌がることをしてしまうといった行動が目立った。これらのことを注意されると，他児や教師に暴言を吐いたり，暴れて手を出すなどの問題がみられた。担任の話では，マクシムは1年生から日本語の困難はあったが行動面の問題は見られなかった。2年生で行動面の困難がある児童と同じクラスになり，その影響を受けて行動面の問題が増えているのかもしれないとのことだった。

　学校からは，クラス全体が落ち着かないが，特に学習面の指導でも困っているマクシムを見てほしいと依頼された。マクシムの父親は飲食店を経営しており，日本語の理解と使用に大きな困難はなかった。一方，母親はほとんど日本語を話せない。マクシム自身も日本語に比べると両親の母語の方が得意であったが，十分に習得しているとは言えない状況であった。家庭で使用

される言語は日本語と両親の母語が半々であるために，どちらの言語も十分に習得することができていないことがうかがえた。

　学校では毎日1時間程度，対応可能な教員がマクシムに個別の学習指導を行っていた。しかし，日本語理解が不十分であるため，なかなか学習が身につかない。学校としてはどのように指導したらいいのか困惑していた。

　学校側の提案もあり，マクシムの両親に来校してもらい，担任も含めて面談を行った。担任は家庭でお願いしたいことについて，母親に熱心に伝えようとしていたが，早口の日本語でまくしたてる形になってしまい，日本語のわからない母親は明らかに不安そうな表情をしていた。話の中で，母親は身近に言葉が通じる人物がおらず，孤立していることがうかがえた。

　両親の話では，家庭でも落ち着きがないことで対応に苦労しているとのことであった。そのため，学校での困難に関しても理解しており近隣の児童精神科クリニックを紹介してほしいとのことであった。紹介した医療機関を受診したところ，注意欠如／多動性障害と診断され，薬物療法の適用と判断された。しかし同時に，医師からは発達障害だけでなく，言語の問題もあると言われたとのことで，学校としては言語の支援はできる限りやっているため，これ以上どうしたらいいのか，と混乱していた。

　その後，週に1回の頻度でクラスを訪問し，関わりながらの観察を行った。時折，本人の気持ちが落ち着かなくなった際に教室から取り出して話を聞いていた。その中で，マクシムは勉強がわからなくて苦痛を感じており，時折涙を流すなど，つらい気持ちがあることがうかがえた。

　観察を始めてから数カ月間，クリニックには継続的に通い，薬物療法が功を奏して徐々にマクシムは授業中落ち着いて過ごせるようになった。また，マクシムに影響を与えていると考えられた児童が教師や友達との関わりを通して乱暴な言動を徐々にとらなくなったことも影響していると思われた。

　言語の問題による学習面の遅れに関しては，自治体の外国人向けサポートサービスに問い合わせた。その結果，まずは母語の習得を大事にすることが重要だということになった。そこで，成人向けに母語で書かれた日本語学習教材を活用しながら日本語での学習に取り組むこととなり，少しずつだが学習や日本語の遅れを取り戻している。

I　はじめに

　近年，小学校，中学校においても外国に何らかのルーツをもつ児童生徒が増加しています。「外国にルーツをもつ子ども」と言っても，その内実はさまざまです。文部科学省は，外国人児童生徒を巡る多様な状況を踏まえ，何らかの外国にルーツをもつ子どもたちをまとめて「外国人児童生徒等」としています（文部科学省，2016）。例えば，両親ともに外国出身で，言葉がわからないまま日本に来た子もいれば，外国籍でも日本で生まれ育った人もいるでしょう。また，両親のどちらかが外国出身の，いわゆる「ハーフ」と呼ばれる子どもたちもいます。加えて，近年では出身国の多様化が進んでおり，それに伴って子どもたちの母国語や背景にもっている文化的背景もさまざまとなっています（文部科学省，2019a）。こうしたことを考えると，近年の小中学校では，多様な言語的・文化的な背景をもった多くの子どもたちが学校生活を送っていることがわかると思います。

　筆者は，常勤のスクールカウンセラーとして中学校，小学校の現場で外国にルーツをもつ子どもたちと関わっていました。そこで，本章では筆者の経験から，事例を紹介しながら外国にルーツをもつ子どもたちの日常や，彼らが抱える問題について述べようと思います。なお，本章で使用している事例は，重要なポイントは歪めないようにしながら，筆者が実際に経験した事例のいくつかを組み合わせたものであり，個人が特定されないように加工しています。

II　小学校における外国人児童の困難

　マクシムが呈していた問題の背景にはいくつかの要因があると考えられますが，そのうちの一つに日本語習得の問題があります。外国人児童生徒のうち小学生においては，この日本語習得が問題となりやすいと言えます。文部科学省によれば，外国人児童生徒等のうち，日本語指導が必要な児童生徒の数は年々増加しており，特に小学校においては平成28（2016）年の時点で2万人を超えています。さらに，このうち2割近くの子どもは日本語指導等の特別な指導を受けられていません（文部科学省，2019a）。学校現場では，

先の事例のように各学校がさまざまな対応を工夫しながら行っているものの，対応に限界を感じている例が少なくありません。

　一方，マクシムの場合は日本語だけでなく，家庭で話されている母語の習得も十分ではありませんでした。ここで，2つの異なる言語の学習を説明する理論の一つに，相互依存仮説（Cummins, 1996）があります。これは，2つの言語はそれぞれ別々に発達するのではなく，基盤となる言語能力を共有することで，お互いに依存し合って発達するという理論です。この理論に従えば，母語を十分身につけた子どもは，日本語の学習においてもすでに身につけた認知的能力を上手に活用できると考えられます。ところが，母語の能力が十分に確立されていない時期に移住するなど，母語を習得する機会が失われた状態で他の言語を習得しようとすると，言語能力の基盤となるシステムに問題が生じ，いずれの言語も十分に用いることができなくなってしまうと言われています（Crawford, 1992）。そのため，日本語を習得させることだけでなく，母語を学習することがとても重要になるのですが，自治体が行っている言語支援のサポートは全ての言語に対応している訳ではありません。マクシムの場合にも，母語で日本語を指導することのできる人材がいないという問題がありました。また，通訳の派遣といったサポートが行われている場合もありますが，こうした取り組みは地域差が大きいようです。

　以上のことから，外国人児童生徒の言語学習に関しては，日本語指導のための十分な研修機会や学校内の組織的な支援体制の構築，さらに母語による支援の仕組みの充実といったことが課題となっていると言えるでしょう。

　加えて，先の事例からは，マクシムのような外国人児童生徒の支援には，言語学習に関する制度等の社会的側面からの支援だけでなく，多面的な支援が必要なことがわかります。まず，マクシムには言語の問題に加えて，発達の偏りもしくは発達障害のある可能性があったため，医療的な支援が有効であると考えられました。これは，学校だけでなく家庭でも両親が対応に苦慮しており，マクシムの問題が学校場面に限定されないことから，何らかの特性が背景にあることが考えられたためです。マクシムの両親の場合は，専門的な支援の必要性を感じていましたが，特に母親は日本語の理解が難しかったために，適切な機関を見つけられずにいました。上記の事例では，医療機関の情報を提供する際に，筆者が日本語と英語を併記した資料を作成したことが役立ったようでした。なお，マクシムの場合は医療機関での薬物療法を

中心とした支援が有効でしたが，学校現場では言語の問題と発達の問題とを見極めることがしばしば困難であることが課題として挙げられます。この点に関しては，本書の10章をご参照ください。

　さらに，マクシムは学習についていけずにつらい思いをしていることが，学校での行動上の問題につながっていることが考えられました。このような場合には，心理的側面からの支援も重要となるでしょう。また，マクシムの母親は身近に相談できる相手がおらず，孤立していました。同じ国出身の者同士のコミュニティが形成されており，互いにサポートし合う仕組みができている場合もありますが，そのようなコミュニティが得られない場合もあります。そこで，母親に寄り添い，困った時に頼ることができる関係性を学校やスクールカウンセラー等と作ったり，公的なサポートの資源を探したりすることも重要な支援となります。

　以上のことを踏まえると，外国人児童生徒の支援には教育や心理といった特定の側面だけでなく，多面的側面からの理解と支援，いわゆる生物－心理－社会モデルの考え方が必要だと考えられます。我々はある人が抱えている問題に対して，「心理的な問題なんじゃないか」「教育の問題なんじゃないか」「発達障害があるんじゃないか」というように，何らかの単一的な原因を考えてしまいがちです。実際にマクシムの事例では，言語の問題か，発達の問題かのどちらかに原因があるのではないかと考えられていました。生物－心理－社会モデルとは，問題を生物学（医療）的観点，心理的観点，社会的観点といった複数の視点から理解しようとするモデルです。このモデルは，異なる立場の人たちが互いに連携する際にも役立ちます。例えば，発達障害やその他の病気に関する支援は医療が担い，心理面のケアは心理職が担う。そして公的なサポートや学習に関しては，行政や教育が担う，といったように互いに分担，連携することにつながります。このモデルは外国人児童生徒に特化した理論ではありませんが，多様な背景をもつ児童生徒の支援を，学校，自治体，医療機関，地域などが連携しながら行う上で重要といえるでしょう。

事例「キョウコ（14歳）：自身の外見にコンプレックスをもつ中2女子の事例」

　キョウコは日本人の母親と南アジア系の国出身の父親をもつ中学2年生の

女子生徒である。キョウコは生まれつき肌が黒く，目鼻立ちがくっきりとしていて，一目で外国にルーツをもつことがわかる外見をしていた。しかしその見た目から，小学生の頃に，「外人」や「ハーフ」と呼ばれてからかいの対象となってしまった。本人はこうした経験が原因で人前に出ることや自分から話しかけることが苦手となってしまったと語っている。

　中学校入学後は目立ったからかいなどはなくなったものの，キョウコ自身は自分の見た目が他の子と違うということにコンプレックスをもつようになった。「周りと違うのが嫌。皆の白い肌が羨ましい」と悲しそうに話してくれた。また，クラスメイトから，「ハーフなんだね」「何人(なにじん)なの？」と聞かれることが度々あるという。「別に悪気があって聞いてきてるんじゃないと思うけど，聞かれる度に傷つく。私は日本人じゃないんだとか，私は他の人と違うんだ，と思ってしまう。ハーフって悪気なく使ってる人が多いけど，半分だけ日本人，自分は出来損ないなんじゃないかっていう気持ちになる」と言い，自身が外国にルーツをもつことに否定的な気持ちがあるようだった。

　キョウコは父親がどうして日本に来たのか，今何の仕事をしているのか，といったことをほとんど知らなかった。家庭では，父親とのコミュニケーションがほとんどないのだという。父親のことは「嫌い」とはっきり言う。「自分勝手で，家のこととか何もしないし，怒りやすくて理不尽なことで急に怒る。だから私から積極的に話しかけないし，向こうからもそんなに話しかけてこなくなった」。父親がどこの国の出身なのかは知っているが，その国がどんな国なのか，どんな文化があるのかといったことは全く知らないとのことだった。

　キョウコがスクールカウンセラーのところに相談に来たのは，中学 2 年生の時だった。主に相談したいことは，友達ができない，ということだった。詳しく話を聞いてみると，休み時間に話せるクラスメイトはいるが，その子が他の子と話しているのを見ると，自分と話しているより楽しそうに見え，自分は仲の良い友達ではないんじゃないか，と感じてしまう。また，周りから変な人だと思われているんじゃないかという。授業中に教師から出された問題に答えられないと，答えられないんだ，と否定的な目で見られているように感じる。また，勇気を出して隣の席の人やあまり話したことのない人に話しかけると，無視されたり嫌な顔をされて，拒絶されているように感じるのだという。

　キョウコの希望は，「他の子と同じように，普通に友達を作って，普通に学

校で楽しく過ごせるようになりたい」ということだった。

III　思春期・青年期における外国人児童生徒の困難

　思春期・青年期は身体的にも精神的にも，急激な変化が見られる時期です。このような変化に伴って，子どもたちは自分自身に対して強い関心を持ち始めます。自分自身がどのような人間なのか，どのようになりたいのか，すなわちアイデンティティのあり方を模索し始めるのが，この時期です。一方，自分自身への関心は，外見を含めて，自分自身が周りからどのように映っているか，すなわち他者の存在をとても気にすることにもつながります。そのため，子どもたちは「周りから変に思われていないか」といったことが気になり，他人と違うことに敏感になります。特に，中学生では，友人関係の中でお互いの共通点や類似性が強調される傾向が強いとされているため（保坂・岡村，1986），周囲と違う，ということに敏感になりやすいと言えます。

　こうした事情は，「日本人」の児童生徒，また，日本に住む外国人児童生徒においても共通していますが，周囲と違う文化的背景をもち，外見的にも周囲と違う特徴をもつキョウコのような子どもにとって，この問題はより深刻なものとなる可能性があります。先の事例の中で，キョウコは周囲の反応にとても敏感であり，皆と同じようにしたいという気持ちが強いことがうかがえました。こうした不安は，キョウコ自身のパーソナリティに起因する部分以外に，上記のような思春期・青年期の時期特有の心性と，周囲の環境に起因するところも大きいと思われます。環境の要因とは，どの程度，「皆それぞれ違う」ということ，すなわち多様性が受け入れられているか，ということです。例えば，外国籍等さまざまな背景をもっていることが当たり前と捉えられている環境では，外国にルーツをもっていることは周囲に適応する上でさほど問題になりません。しかし，そうでない環境，つまり「皆同じ」という同質性への圧力が強い環境では，外国にルーツをもつことが異質な存在としてみなされる恐れがあるでしょう。

　加えて，キョウコの場合には，自分らしさを確立することにも大きな困難がありました。それは，彼女の中にある外国人の部分のことです。父親の出身国の言語や文化は，彼女自身を形作る上で重要な要素です。しかし，彼女は自分の半分を占めている部分についてまったく知らないばかりか，自身の

中にある外国人の部分を，父親を拒否することで否定しているようでした。もちろん，自身のルーツを必ずしも肯定しなければいけないというわけではありません。しかし，キョウコの場合は，外国にルーツをもっていることが否定的な側面となり，その結果，キョウコ自身が自分自身を異質で否定的な存在とみなしてしまい，苦しんでいるようでした。

　以上のことを踏まえると，思春期・青年期では，互いの違いを認め合える雰囲気が学校や地域社会にあることが安心できる環境の土壌として重要だと考えられます。そして，このような安心できる雰囲気の中で，それぞれの児童生徒が自らのルーツや個性を受け入れられ，ありのままの自分を肯定できることを目指していく必要があるといえるでしょう。

Ⅳ　おわりに

　文部科学省が作成した，『外国人児童生徒受入れの手引』（文部科学省，2019b）には，外国人児童生徒等が直面する課題の一つとして，「かけがえのない自分をつくりあげていくこと」が挙げられています。その中では，「学校や教師，周りの子供や親，さらにできれば地域社会がこうした児童生徒のことを理解し，自分の母語，母文化，母国に対して誇りをもって生きられるような配慮が必要となります」（p.9）と明記されています。外国人児童生徒の指導や支援に携わっている我々は，しばしば彼ら自身の中に問題を見出してしまう傾向にあります。しかし，上記に引用した手引きにある通り，問われているのは，むしろ外国人児童生徒の周りにいる，我々自身のあり方の問題なのだと思います。

　例えば，一般的に日本人は協調性を重視し，和を乱すものを嫌う排他的な傾向があると言われています。こうした傾向は，外国人児童生徒の支援を行う上で障害になる物なので，ない方が良いと思われるかもしれません。しかし，文化的に内在化された傾向を変えることは簡単ではありません。無理になくそうとすれば，それは本当は存在する排他性の「否認」となってしまうでしょう。否認とは，自分の心の中にあるものの存在を認めないという防衛機制です。否認してしまうと，例えば，外国人だからといって特別扱いせず，皆と同じに扱いましょう，という考え方となります。これは，外国人児童生徒を「日本人の我々」に取り込んでしまうことになり，かえって外国人児童

学校の菜園を耕す外国人児童

生徒のもつ文化的背景や個性を見ないことにつながってしまいます。

　このように考えると，排他性をもってはいけないということではなく，我々の中にある「排他性」や「日本人としての考え」のパターンに気づき，それについて考えることが重要だと考えられます．外国人児童生徒たちの文化や言語を大事にするのと同様に，我々も日本の文化や言語を意識し，大事にしなければいけないのかもしれません．

　　文　　　献
Crawford, J. (1992) Hold Your Tongue: Bilingualism and the Politics of "English Only ". MA: Addison-Wesley Publishing Company.（本名信行訳（1994）移民社会アメリカの言語事情―英語第一主義と二言語主義の戦い．ジャパン・タイムズ.）
Cummins, J. (1996) Negotiating Identities: Education for Empowerment in a Diverse Society. Ontario: California Association for Bilingual Education.
保坂亨・岡村達也（1986）キャンパス・エンカウンター・グループの発達的・治療的意義の検討．心理臨床学研究，4(1); 15-26.
文部科学省（2016）学校における外国人児童生徒等に対する教育支援の充実方策について（報告）．https://www.mext.go.jp/b_menu/houdou/28/06/__icsFiles/afieldfile/2016/06/28/1373387_02.pdf（最終閲覧：2022年3月15日）
文部科学省（2019a）「日本語指導が必要な児童生徒の受入状況等に関する調査（平成30年度）」の結果について．https://www.mext.go.jp/content/20200110_mxt-kyousei01-1421569_00001_02.pdf（最終閲覧：2022年3月15日）
文部科学省（2019b）外国人児童生徒受入れの手引［改訂版］．https://www.mext.go.jp/a_menu/shotou/clarinet/002/1304668.htm（最終閲覧：2022年3月15日）

第 9 章

子どもたちの学校生活をささえる
チーム支援

飯田順子・岡安朋子

事例「友達関係がうまくいかず学校を休みがちなマイカのチーム支援」

　マイカは中 2 の女子生徒。マイカの母はフィリピン人，父は日本人である。マイカの生まれはフィリピンであったが，幼稚園にあがるころに来日した。

　友達はさほど多くはないが，小学校時代は普通に過ごした。学習や日本語の問題は特になかったという。中 1 のときに両親が離婚し，母とともに A 中学校に転入した。母はこのころから夜の仕事を始めるようになった。マイカが中 1 の時在籍していた学校から，A 中学校には，「マイカは内向的であるが，特に目立った問題はない」という申し送りがあった。

　A 中学校に入ってからすぐは，マイカは新しいクラスで普通に過ごしていたが，その後，保健室に来たり，別室で過ごす時間が多くなった。このような経緯から，学年主任と担任が本人をスクールカウンセラー（以下，SC）につないだ。

　SC との面談では，マイカは「クラスや勉強については問題ないが，一日中，女子のグループの中にいると疲れてしまう，男子と話す方が楽でいい」ということを語った。また，「母は欠席が多くなり，クラスにあまりいけないことについて理解がないので困っている」と本人が話したため，本人の了解を得て，SC は母と面談をすることになった。母は日本語があまり得意ではなかったため，SC は母と英語で話すことになった。

　母と SC の面談では，母は「なぜマイカが不登校になるのかまったくわからない。とにかく学校に行ってほしい」と話していた。SC は母と数回面接をしたが，母がマイカの不登校について理解をすることが難しい様子がうか

がえた。

　そうこうするうちに，母がフィリピンに1週間ほど一時帰国するとマイカが話していて，その間はペットの世話もあり，学校もあるので，マイカ一人で過ごすという話であった。学校からマイカの母に，中2の女子が一人で過ごすことは虐待になるということを伝えたが，母の友達が近所に住んでいるので問題なく，これまでにも何度か母は一時帰国してマイカは一人で過ごしていたから大丈夫だという。

　本人からの話で母が帰国したことがわかったので，学校は地域の子ども家庭支援センターと児童相談所に通告した。児童相談所は，本人を一時保護し，母の帰国を待った。母が帰国し，児童相談所から一時保護解除となった。児童相談所が母に定期的にコンタクトをして，母もこのような事態を理解し，本人一人を置いて母が帰国するということはなくなった。不登校についても，SCや学校の話し合いを重ねることで，母は次第に理解を深めるようになった。

　学校については，本人とは担任だけではなく，学年主任，養護教諭，SCも関わってきたが，どうしてもクラスになじめないということで，中学3年でも別室登校になった。その後，通信制高校へ進学した。

I　はじめに

　この事例に見られるように，外国人児童生徒の中には，学校への適応上の課題が見られる場合や，家族の福祉的なニーズをもつ場合，学力の問題を示し特別支援のニーズをもつ場合もあります。このような場合には，日本語の学習の問題だけでなく，学校の教育相談担当教員や特別支援教育コーディネーターが中心となり，心理の専門職であるスクールカウンセラーや福祉の専門職であるスクールソーシャルワーカー，また地域の外部資源を活用しながら，チーム支援を行います。

　保護者は子どもにとって一番身近な援助者ですが，外国人児童生徒の場合，親が育ってきた生活環境や学校文化と子どもが生活している環境が大きく異なるため，親が子どもの援助者としてうまく機能していない場合もあります。この事例の場合にも，本人は本人なりに頑張っていましたが，本人の対人関係の課題として女子特有のグループに適応できないことで学校に行きづらい

という心情を，母は理解することが難しい状況でした。そこで学校の教員やスクールカウンセラーが母にマイカの教室に行きづらいという心情の理解を働きかけましたが，当初母は十分に理解することができませんでした。また，子どもを一人家においておくことが虐待にあたるという理解もありませんでした。

　外国人児童生徒のチーム支援では，支援者間の文化や前提が異なることもあります。互いの文化や前提を確認しながら，子どもの問題状況の解決につながるチーム支援を模索していくことが求められます。この章では，外国人の子どもが学校生活で困難に直面した際に，どのようにチーム支援を行うか，子どもの援助に関する学問領域である"学校心理学"の枠組みを用いて考えていきます。

▎II　外国人児童生徒のチーム支援と学校心理学

　学校心理学は，「一人ひとりの子どもが，学習面，心理・社会面，進路面，健康面などにおける課題の取り組みの過程で出会う問題状況への対処や解決，および危機の予防や対処を援助する活動」と定義されています（石隈，1999）。また援助の対象は，すべての子どもであり，援助の担い手は，教師，保護者，スクールカウンセラーら，地域の専門家によるチームとされています。この考え方は，外国人児童生徒の支援にも当てはまります。外国人児童生徒の支援の場合，言語指導に目がいきやすく，日本語指導教員が中心に行うものというイメージがあるかもしれませんが，子どもたちの学校生活の支援では，学校のすべての教職員の理解や支援，家庭との連携が欠かせません。子どもたちの学校生活の質の向上には，学級担任やクラスメートの受け入れ，学校と家庭の連携の質，学校全体の風土が重要となります。そのため，チーム支援の理論と多くの実践をもつ学校心理学が参考になります。

　また，学校心理学は，欧米で長い歴史のある学問であり，スクールサイコロジストやエデュケーショナルサイコロジストと呼ばれる学校心理学に基づく専門職が，学校の中で子どもの支援を行っています（詳しくは，[Shane R. Jimerson, Thomas D. Oakland, Peter T. Farrell（編），石隈・松本・飯田監訳，2013]）。欧米では，外国人児童生徒が多く通う学校も多いため，外国人児童生徒の支援に関する研究や実践もさかんに行われています。こうし

た研究や実践は，外国人児童生徒が急増し，学校現場で外国人児童生徒の支援を進めていくことが模索されている日本の学校現場の参考になると思われます。今後，外国人児童生徒の学習上の問題，学校適応上の問題，メンタルヘルスの問題，親との連携の課題などの対応がさらに求められていくことが予想されます。こうした児童生徒への対応には，学校をプラットフォームとした地域資源を活用したチーム支援が求められます。ここでは，外国人児童生徒の援助ニーズ，援助の方法，援助者の種類についてみていきます。

III　なぜチーム支援が必要か？

　外国人児童生徒の支援において，チーム支援が求められる背景には，外国人児童生徒のもつ課題が多岐にわたることがあります。外国人児童生徒が学校生活で苦戦している現状を裏付けるデータとして，次のようなデータがあります。日本語指導が必要な高校生とそれ以外の全高校生を比較した結果では，中途退学率が9.6％と1.3％，進学率42.2％と71.1％，就職者における非正規就職率40.0％と4.3％，進学も就職もしていない者の率18.2％と6.7％という数値が示されています（文部科学省，2018）。日本語指導が必要な生徒は，学校生活で苦戦しやすく進学やその後の就労においても苦戦しやすいことが示されています。そのため，中途退学や社会的に孤立するリスクの高い生徒という視点で，サポートを考えていく必要があります。

　ここでは，外国人児童生徒がもつ援助ニーズ（援助を必要とする内容）を，学校心理学の枠組みの1つである学習面，心理・社会面，進路面，健康面の4領域から考えていきます（石隈，1999）。

1．学習面の援助ニーズ

　まず学習面の援助ニーズですが，外国人の子どもの場合，来日した時期や日本語の習得レベルによって，学習における言語の影響が大きく異なります。また，教科によっても言語の依存度が異なり，算数・数学，理科，体育，音楽，図工など言語の影響が少ない教科と，国語や社会など言語や文化的知識への依存度が高い教科があります。長く日本で暮らすことによって，話し言葉に問題が見られなくなっても，学習内容が難しくなるにつれ，抽象概念の理解や文化に依存した内容の習得などが困難になり，学習面における課題を

呈することが少なくありません。日本の歴史や地名，法律や社会制度など，日本に暮らし日本の学校に通う中で徐々に培われていく知識を，途中から学ぶことは困難を伴います。

　こうした学習上の困難に加えて，外国人児童生徒の場合，家庭で学習のサポートが受けられない場合も少なくありません。著者らが行った調査(大友・飯田，2016) では，ラテンアメリカからのニューカマーの親が，日本の学校に通ったことがないため，子どもの勉強をみてあげられないという葛藤を感じていることが示されています。また，経済的な事情や文化的な違いから，塾など学習のサポート資源を活用することが少なく，周囲のサポート資源が少ないことも，外国人児童生徒の学力や学習意欲に影響していると考えられます。

2．心理・社会面の援助ニーズ

　外国人児童生徒の心理・社会面の援助ニーズは，外国人児童生徒が多い地域と少ない地域で異なることが予想されます。外国人が多く暮らす地域の学校に通い，学校に同じ母国語を話す友人がたくさんいる環境と，外国人が少ない地域の学校に通い，日本の学校や日本文化に合わせることが強く求められる環境では，援助ニーズが異なります。前者の場合は，同じ母国語を話す友人が作りやすく，先に来日し日本語を話せる友人が，日本の学校や文化に慣れていくためのアンカー役として，通訳をしてくれたり学校生活の手助けをしてくれたりします。一方で後者の場合は，学校では母国語がわかる人がおらず，自分の立場を理解してくれる友人は作りにくく，環境に慣れるまで大きなストレスにさらされる可能性があります。しかし，日本語だけで生活するため，日本語の習得は早くなると考えられます。

　また，来日する時期によっても，学習面における課題や友人関係における課題，援助ニーズは異なります。一般的に幼稚園や保育園，小学校低学年の時期は，日本人の子どもたちもことばの習得段階であり，遊びを通して友人関係が形成されるため，友達は作りやすいといえます。一方で，小学校高学年や中学校・高校で来日した場合，周囲の子ども同士の関係がより複雑なコミュニケーションに基づくものとなり，子ども独自の話し方（略語など）が用いられたり若者の間ではやっている話題が話されたりするため，そうした話し方や話題を知らないと仲間に入りにくくなります。そこで孤立を感じた

り，自分がその場になじんでいないという違和感をもつことも少なくありません。事例のマイカの場合も，教室に行きにくい背景にそうした影響があることが想像されます。こうした事情もあり，移住を考える親は，子どもの年齢が小さいうちに移住することも多いですが，親の仕事の都合や国の経済状況などの影響でやむを得ず子どもが大きくなってから移住する場合もあります。このような状況によっても，子どもの援助ニーズの大きさは異なってきます。

　社会面は子どもと家族，友人，教師との関係に目を向けますが，ここでも文化移動に伴う特有の困難が生じやすいとされています。移民の家族においては親よりも子どもの方が移住先の言語や文化に適応し，言語の面で親子のコミュニケーションが困難になる例が報告されています（Hwang et al., 2010）。子どもの方が言語の上達が早く，子どもが親と学校等の社会的機関の間の通訳を務める場合もあります。このような場合，親としての威厳を保つことが難しく，子どもが親に挑戦的にふるまうことで葛藤が生じやすくなります。文化移動を経験している親子特有の困難さを認識し，親が子どもをサポートできるよう，学校や専門機関は親をサポートします。また，友人関係においても，文化移動を経験している子どもや外国の背景をもつ子どもは，自分だけ人と違うという思いをもちやすく，人と異なる部分を隠したり，相手文化に同化することで適応を保つ努力をしていることがあります。人と違うことからくるストレスは，"マイノリティ・ストレス"と呼ばれ，思春期の子どもに内面的な葛藤を引き起こす場合があります（マーフィ重松，2004）。教師との関係も，子どもの学校生活の質に大きな影響を与えます。杉村（2014）は，教師が国際理解教育として外国人児童の母国の言語や文化を取り入れた授業実践を行うことで，外国人児童生徒のエンパワメントにつながった例を報告し，教師が外国人児童生徒をどのように認識しているかが外国人児童生徒の学校生活の質向上にとって重要であると述べています。

3．進路面・健康面の援助ニーズ

　外国人児童生徒の場合，親が日本の学校制度に不慣れであったり，必要な進路情報が得られにくいことから，キャリアパスが描きにくい場合もあります。進路面における，進路の選択肢の情報や奨学金の情報などの情報のサポートや，書類作成などの実際的なサポートが重要となります。

　健康面では，健康状態や，生活習慣，運動，体力面などに着目します。慣れない文化・言語圏で医療機関にかかることはハードルが高いため，調子が悪くても医療機関にかからないといったことが起こりがちです。健康面で心配なことがないか，本人や家族に聞き，適切な機関を紹介するなどの支援を行います。医療機関に行くことが困難な場合には，スクールソーシャルワーカーや地域の民生委員に相談し，医療機関への同行をお願いする場合もあります。

事例「インターナショナルスクールから公立中学校に転入し別室登校を経て高校に進学したリサ」

　リサは中学 3 年生女子。父が米国人，母は日本人である。日本で生まれて，小学校 3 年生まで日本で過ごし，父の仕事の都合で小学校 4 年～ 6 年夏までを米国で過ごし，現地の学校に通った。現地の学校では，当初は語学の課題はあったが，その後，特に目立った問題はなく登校していた。6 年生の後半に日本に帰国して，インターナショナルスクールに通ったが，その学校の文化になじめず，日本の公立中学校に転入することになった。

　リサは公立中学校に転入後，中学 1 年，2 年の前半までは普通に教室で過ごすことができた。特に友達との関係などでも問題なく過ごしてきた。しかし，中 2 の後半になり，だんだんと教室から足が遠のくようになった。保健室に来ることが多くなり，養護教諭に，「自分のことがよく分からない。英語も人より少しはできるとは思うけれど，何をしたいのかよく分からない」ということを話していた。養護教諭は心配して，担任にもこのことを伝えていた。また，本人の状況については，学校から両親に伝えており，両親ともにリサの気持ちに寄り添いたいと話していて，保健室で過ごすことについては理解を示していた。たまたま，SC が保健室を訪ねた時，リサが保健室で過ごしていたので，養護教諭はリサを SC に紹介した。そこで，リサと SC の面談を行うことになった。

　リサは，自分のアイデンティティについて悩んでいた。「自分は髪の毛も茶系，目の色も茶系，みんなにかわいいといわれるけど，自分はアメリカ人でもないし，日本人でもないし，何人か分からない。英語がすごくできるわけでもないのに，これからどうしたらいいのか分からない。自分の周りには同

じような悩みを抱えた子もいないだろうし，今の自分でいいと思えない。お母さんやお父さんは優しくて好きだけれど，結局自分のことを分かってはもらえない」という思いでいた。SC はその思いを傾聴した。SC がリサの話を聴くと，日本でずっと過ごしていきたいという思いがあったので，そのために何ができるか一緒に考えることにした。リサは小学校低学年のとき，書道を習っていて，書道や漢字に興味があることが分かった。そこで，リサは，以前通っていた書道教室に通って書道を再開すること，また漢字の検定試験に取り組むことになった。リサの担任は国語科だったので，リサに検定試験のアドバイスを行った。保健室はリサが安心して過ごせる場所として，養護教諭は引き続き関わった。リサの努力の甲斐があり，リサは検定試験に合格することができた。

　その後，担任，養護教諭，SC による継続的な支援もあり，リサは今の自分でいいと考えられるようになった。また，進学先についても，複数の学校見学をして，リサ自身が今のリサに合った学校を選ぶことができた。リサは中学 3 年の 3 学期はほとんど教室で過ごすことができ，無事に高校へ進学した。

IV　外国人児童生徒をどのように支援するか？

　外国人児童生徒の支援をどのように行うかについて，学校心理学の 3 段階の心理教育的援助サービスの枠組みに基づいて考えていきます（図 1；詳しくは，[石隈，1999]，[水野・家近・石隈，2018]）。3 段階の心理教育的援助サービスは，子どもが必要とする援助の大きさに基づいて，どのような援助を行うか整理する枠組みです。一次的援助サービスは，すべての子どもを対象とした問題の予防や発達を促進する援助を指します。二次的援助サービスは，一部の気になる子どもや問題状況を抱えるリスクが高いとされる子どもを早期に発見し適宜援助を行います。三次的援助サービスは，不登校状態にある児童生徒や発達障害を有する児童生徒など特定の子どもを対象とした個別的・集中的な援助を指します。

　一次的援助サービスは学校内ですべての子どもに対して行われる援助であり，入学時のオリエンテーションやわかりやすい授業，学級の人間関係づくりなどが含まれます。また，多くの子どもたちが共通してもつ課題への取り

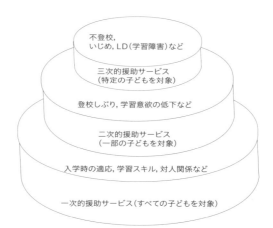

図1　3段階の心理教育的援助サービス，その対象および問題の例

組みとして，勉強の仕方（スタディスキル）やコミュニケーションの方法，ストレス対処法の学習なども含まれます。こうした内容は，外国人児童生徒にとっても，役立つ内容であり，すべての児童生徒に資するユニバーサルな援助と言えます。特に勉強の仕方や子どもに求められる学習行動は，国によって異なるため，日本の学校で求められる学習行動や勉強の仕方を教えることは，学習意欲の低下や学習面における課題の予防につながると考えられます。著者らが行った滞日外国人留学生を対象とした調査では，日本の大学に適応するスキルとして日本語の運用に関する「日本語運用スキル」，日本の文化に即した行動がとれる「日本文化スキル」，困ったときに質問や相談ができる「コミュニケーションスキル」，勉強方法の習得や自分の目標に向けて主体的に行動できる「自学自動スキル」が高いほど，適応が良好であることが示されています（中川・飯田，2012）。この調査は学齢期の子どもを対象としたものではありませんが，異なる文化では異なる行動が求められることを示しており，外国人児童生徒が多い学校では，各学校段階においてスタディスキルやコミュニケーションスキル，ストレス対処スキルなどの学習といった一次的援助サービスの充実が重要と考えられます。

　二次的援助サービスは，一部の気になる子どもや問題状況を抱えるリスクが高いとされる子どもを対象とした早期発見やタイムリーな援助となります。前述のように，外国人児童生徒は高校中退のリスクや社会とのつながり

自分の特徴と文化的アイデンティティの維持　　　相手集団との関係の維持	重視する	重視しない
重視する	統合	同化
重視しない	分離	周辺化

図2　異文化受容態度モデル（Berry, 1997；水野, 2013）

の喪失リスクが高いことが示されています（文部科学省，2018）。その背景には，日本語で勉強することの難しさや，サポート資源の少なさ，アイデンティティの揺らぎなど，多くのことが考えられます。

　外国で暮らすことは文化移動に伴う多大なストレスをもたらします。文化移動に関する研究を行った Berry（1997）は，母国文化から別の文化に移動する際，"自文化の維持"の次元と"相手文化の理解・維持"の次元の2次元から，異文化受容態度を分類しています（図2；Berry，1997；水野，2013）。自国文化を維持し相手文化を取り入れる態度は「統合」とされ，自国文化を維持し相手文化の取り入れを拒否する態度は「分離」とされています。また，自国文化の維持を望まず相手文化の取り入れが高い態度は「同化」とされ，自国文化の維持が低く相手文化の取り入れが低い態度は「周辺化」に分類されます。異文化適応の水準としては，「統合」が最も適応がよく，次に「同化」が続き，「周辺化」「分離」の適応状態が低いことが知られています。子どもにとって，母国の言語や文化の維持，母国とのつながりもアイデンティティ形成において重要とされています。日本文化への適応の支援と同時に，母国文化とのつながりの支援や母国文化を尊重する姿勢が援助者に求められる態度です。

　また，異なる文化への移動は，"カルチャーショック"と呼ばれる特有の兆候を示す場合があります（表1；八代ら，2009）。新しい文化圏での生活に対する不安やストレスから，強迫症状や人に対する回避反応が生じる場合があるため，カルチャーショックの反応として理解することが必要です。援助者がこうした知識をもっていることによって，子どもが示す SOS を早期に気づき，援助を早期にスタートすることができます。

表1　カルチャーショックの兆候（八代ら，2009）

必要以上に手を洗う。 飲み水や食べ物，皿や寝具に対する過度の不安。 接客係に接することに対する苦痛。 うつろな視線。 無気力と長期滞在する同国人に対する依存願望。 遅刻や他のささいなことに対する発作的な怒り。 滞在国の言葉を学ぶことに対する拒否反応。 だまされたり，傷つけられたり，強盗が入ったりするのではないかという過度な 　　おそれ。 ちょっとした痛みや皮膚を傷つけることに対する過度の不安。 母国に帰りたいという強烈な欲求。 母国の行きつけの店でいつもの食事をしたい。 親類や話の通じる人と話したいという悲痛な思い。

　三次的援助サービスは，不登校状態にある児童生徒や，発達障害のある児童生徒，学力不振など学習上の課題をもつ児童生徒など，特定の児童生徒に対する援助になります。三次的援助サービスでは，子どもに関わる多くの学校関係者（担任，学年主任，養護教諭，管理職）や援助に関する専門家（特別支援教育の専門家，スクールカウンセラー，スクールソーシャルワーカー），保護者，地域の専門機関などがチームで支援を行います。外国人児童生徒が学習上の問題を示すとき，それが学習意欲の問題なのか，知的障害や発達障害などの可能性があるのか，あるいは文化移動や言語の問題が大きいのか，適切にアセスメントを行う必要があります。外国人児童生徒の心理教育的アセスメント，カウンセリング，コンサルテーションなどの援助方法について，校内での研修や専門家の養成が求められています。

　外国人児童生徒の支援は日本語指導に限ったことではありませんが，日本語指導が必要な生徒の数は平成18（2006）年から平成28（2016）年で1.5倍に増加していることが示されています。文化庁審議会は，優れた日本語教師を養成・確保するために日本語教師の国家資格化を提言しています。その背景として国内の日本語学習者約26万人に対して日本語教育人材は約4万人ですが，その約6割がボランティアに依存している現状にあります（文部科学省初等中等教育局国際教育課，2018）。外国人児童生徒の言語・学習上の指導体制の整備や外国人児童生徒が学校生活に困難を抱えている場合の援助の方法について，充実させていく必要があります。

V　外国人児童生徒のチーム支援のメンバーは？

　外国人児童生徒のチーム支援のメンバーについて，学校心理学の4種類の
ヘルパーの枠組みに基づいて考えていきます。4種類のヘルパーとは，援助
を専門として行う専門的ヘルパー，複合的な役割を担う中で子どもの援助を
行う複合的ヘルパー，人生の役割上子どもを援助する役割的ヘルパー，職業
上・役割上ではなくその場に居合わせたものとして放っておけない気持ちで
援助を行うボランティアヘルパーからなります。

　外国人児童生徒の専門的ヘルパーには，日本語教育の専門家（例：日本語
教師）や多文化理解に通じたカウンセラーが該当します。また，外国人児童
生徒がもつ教育上のニーズに関する校内の専門的ヘルパーには，教育相談担
当教師や生徒指導担当教師，特別支援教育コーディネーターが該当します。
さらに，専門スタッフとして，心理の専門家であるスクールカウンセラーや
福祉の専門家であるスクールソーシャルワーカーがいます。専門的ヘルパー
は，子どもの援助ニーズの把握や援助案の検討，具体的な援助を行う役割を
担います。

　複合的ヘルパーは，教科指導や学校運営などさまざまな仕事をする中で，
子どもの援助を担う人であり，教師が該当します。教師が行うわかりやすい
授業や，子どもが学級や学校，日本文化になじみやすいように行うガイダン
スなどはとても大きな援助と言えます。

　役割的ヘルパーは，人生の役割上子どもの援助を担う立場であり，親が該
当します。親は子どもの最大の援助者ではありますが，外国人児童生徒の親
の場合，親自身が慣れない日本文化の中で苦労している場合も多く，親自身
が援助を必要としている場合も少なくありません。前述の大友・飯田（2016）
の研究では，ラテンアメリカ系ニューカマーである母親7名を対象に面接調
査が行われ，日本で子どもを育てる大変さとして，子育てをする上での言葉
の難しさ，子どもに勉強を教えてあげられないこと，子どもが親を頼れない
から可哀そうと感じること，子どもとコミュニケーションをとることが難し
いことという内容が明らかにされています（図3）。また，日本で生活する大
変さとして，イメージした日本との違いや，日本文化へのとまどい，想像し
た自身の日本語能力と実際の違い，日本人に見えることからくる難しさにつ

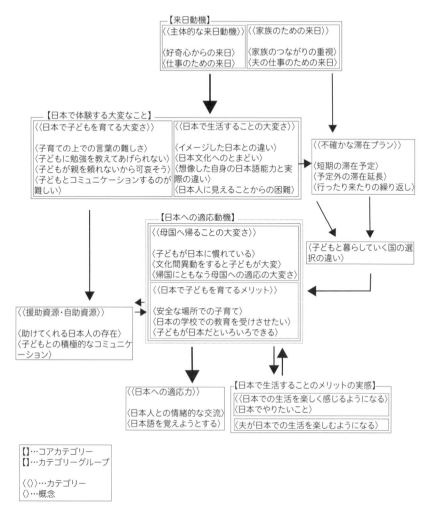

図 3　ラテンアメリカ系ニューカマーの母親の日本への適応過程の概念図

いて語られています。この適応を支える資源として，助けてくれる日本人の存在と子どもとの積極的なコミュニケーションが挙げられています。

　最後に，ボランティアヘルパーは，子どもの友人や地域の人が該当します。同じ母国語を話す友人や，ボランティアをしてくれる通訳，日本文化との橋渡しをしてくれる日本人の存在があります。

　次にあげる事例は，担任，コーディネーター，スクールカウンセラーが連

携し，家族支援を行うことで，子どもに改善がみられた事例です。学校の他の保護者がボランティアヘルパーとして機能していることも考えられます。

　この連携の要となるのが，コーディネーターです。コーディネーターは，苦戦している子どもの情報を収集する，どのような支援を行うか計画する，支援の進捗状況を確認する，支援の評価を行い必要に応じて支援計画を修正するなどの役割が求められます（岡安・飯田，2018）。外国人児童生徒の援助のコーディネートを誰が行うのかコンセンサスが得られているとはいいがたいですが，コーディネーターの任命とバックアップは管理職による学校マネジメントの重要な役割となります。

■ 事例「不登校傾向にあったシンのスクールカウンセラーによる 支援」

　シンは日本で生まれた。父は日本人であり，実母は中国籍であった。シンは低学年より，学校を休みがちであった。体調不良および実母がシンを医師（実母の第一言語を話せる）のいる病院へ連れて行くことなどが，主な欠席理由であった。実母の日本語の問題だけではなく，実母は日本の病院に対して不信感ももっており，頑なに日本人医師の診療を受けることを拒んでいた。時には，シンに口内炎ができたので，実母がシンを遠方の信頼できる歯医者に連れて行くこともあり，親子は，一日がかりで通院することが頻繁に見られ，結果的に学校を欠席していた。担任からも実母に，このように欠席日数が増えていくと，学習などの遅れが出てくることが心配であることを何度も伝えていた。しかし状況は変わらず，その後シンは，体調不良や通院のためだけでなく，学習にもついていけなくなり，小学5年生よりほぼ登校できなくなった。

　このような状況があり，コーディネーターは担任とも相談して，母子関係の課題があると判断し，SCにケースの見立てや支援に関するコンサルテーションを依頼した。担任やコーディネーターは，実母にSCへの相談を打診したが，実母は今の状況に困っていないと話し，SCへの相談を希望しなかった。このような状況を聞き，SCは見立てとして，実母が子どもに依存しているのではないか，おそらく地域やコミュニティに実母自身の居場所もないため，共依存の状態にあることが考えられるということを学校に伝えた。

　そこで，学校は，個人面談に父親も呼ぶことにした。個人面談では，父は本児が不登校になっていることを全く聞いておらず，登校させたいと学校に協力的な様子であった。また校長は，本人だけでなく実母のサポートが必要であると判断し，実母の居場所づくりのためや，実母が学校にいる時間を設けることで実母とシンが安心できるように，実母に校内の花壇の世話をお願いした。実母は快く受け入れて，定期的に学校に来ることになった。実母が花壇のお手伝いをする日に，シンも一緒に登校することになった。また，花壇のお手伝いには他にも数名の保護者が参加していた。そのため，実母がその保護者たちと話す姿も見られるようになった。

　担任やコーディネーターは，シンの学習の遅れを取り戻すために，別室での学習支援や，放課後に学習支援を行った。その後，徐々にシンは一人でも登校できるようになり，欠席が減少していった。

Ⅵ　おわりに

　米国の多文化支援では，援助者に求められる 4 つのスキル領域として，多文化に関する気づき（Awareness），認識と知識（Acknowledgement and Knowledge），アドボカシー（Advocacy），行動（Action）が挙げられており，これら 4 領域のポイントを援助者の変容のポイントとして挙げています（図 4 ; Carroll, 2009）。まずは，「気づき」から始まります。自分が関わる子どもたちの中に多文化背景をもつ子どもがいないかどうか，その子どもの学校生活の苦戦に言語的差異や文化的差異が影響していないかどうか，影響している場合にはその影響の理解や支援のために新たな多文化的知識を学び，そして「アドボカシー（子どもの権利養護）」を実行し，「行動」に移します。そのことによってまた新たな気づきが生まれるとされています。

　付　　　記
本章は，『岡安朋子・飯田順子（2018）多職種連携を促進する校内システム構築の実践―コーディネーター・スクールカウンセラー・スクールソーシャルワーカーの連携の在り方に焦点を当てて．学校心理士会年報，11; 53-64.』に掲載されたケースを一部引用しています。事例については，個人が特定できないように一部改編しています。

　文　　　献
Berry, J. W. (1997) Immigration, acculturation and adaptation. Applied Psychology:

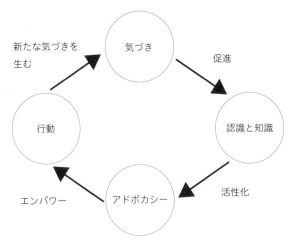

図4　援助者の変容のための多文化の引火点

An International Review, 46; 5-68.

Carroll, D. W. (2009) Toward Multiculturalism Competence: A Practical Model for Implementation in the Schools. In: Jones, J. M. (Ed.): The Psychology of Multiculturalism in the Schools-A Primer for Practice, Training, and Research. National Association of School Psychology, pp.1-16

Hwang, W. C., Fujimoto, K. & Wood, J. J. (2010) Acculturative family distancing (AFD) and depression in Chinese American families. Journal of Consulting and Clinical Psychology, 78(5); 655-667.

石隈利紀（1999）学校心理学―教師・スクールカウンセラー・保護者のチームによる心理教育的援助サービス．誠信書房．

マーフィ重松, S.（辻井弘美訳, 2004）多文化間カウンセリングの物語（ナラティヴ）．東京大学出版会．

水野治久（2013）心理・社会面での援助―外国に関係する子ども. In：水野治久・石隈利紀・田村節子・田村修一・飯田順子編：よくわかる学校心理学．ミネルヴァ書房，pp.134-135.

水野治久・家近早苗・石隈利紀編（2018）チーム学校での効果的な援助―学校心理学の最前線．ナカニシヤ出版.

文部科学省初等中等教育局国際教育課（2018a）外国人児童生徒等教育の現状と課題．https://www.bunka.go.jp/seisaku/kokugo_nihongo/kyoiku/todofuken_kenshu/h30_hokoku/pdf/r1408310_04.pdf（2022年4月8日閲覧）

文部科学省（2018b）「日本語指導が必要な児童生徒の受入状況等に関する調査（平成30年度）の結果について」．https://www.mext.go.jp/content/20200110_mxt-kyousei01-1421569_00001_02.pdf（2022年4月8日閲覧）

中川巳也子・飯田順子（2012）滞日外国人留学生の異文化適応における異文化適応スキルおよび異文化適応自己効力感の役割．心理臨床学研究，30(5); 703 – 714.

岡安朋子・飯田順子（2018）多職種連携を促進する校内システム構築の実践―コーディネ

ーター・スクールカウンセラー・スクールソーシャルワーカーの連携の在り方に焦点を当てて．日本学校心理士会年報，11; 53 – 64.

大友健・飯田順子（2016）．ラテンアメリカ系ニューカマーである母親の日本への適応過程．こころと文化，15(1); 66-76

Shane R. Jimersonm,Thomas D. Oakland ,Peter T. Farrell (2006)The Handbook of International School Psychology.SAGE Publications.（石隈利紀・松本真理子・飯田順子監訳（2013）世界の学校心理学事典．明石書店．）

杉村美紀（2014）多様化する外国籍の子どもと多文化教育の変容．In：宮崎幸江編：日本に住む多文化の子どもと教育—ことばと文化のはざまで生きる．上智大学出版．

八代京子・町恵理子・小池浩子・吉田友子（2009）改訂版　異文化トレーニング　ボーダレス社会を生きる．三修社．

本当に発達障害児だろうか？

──アセスメントの方法

島田直子

■ 事例「子どもの苦戦の背景には何があるのだろうか？」

　マリアは9歳の女の子で，外国で生まれ7歳の時に両親とともに来日しました。母国では数カ月小学校に通い，その後すぐに日本に移住しました。来日後は，公立小学校に転入し，半年ほど日本語指導を受けました。父親の仕事の都合で，3カ月前に現在の小学校に転入してきました。担任の先生の話では，学校では一切話をしないため，どのくらい日本語で会話ができるのかについて情報を得ることが難しい状況です。教室での簡単な指示は理解しているように見えることもありますが，掃除など参加しない活動もあります。一方で，授業中はきょろきょろと周りの子を見て落ち着きがありません。

　年齢相応の読み書きは母国語でも日本語でも難しい様子です。母親によれば，家庭内の会話は母国語を使用するとのことですが，日本で母国語の学習を継続する機会はもっておらず，母国語の読み書きの学習経験は限定的です。また，日本語についても，現在在籍している小学校では，日本語指導を受けていません。

　母親によると，在籍している小学校では，外国人児童生徒の受け入れ経験が浅く，マリアと担任の先生とのコミュニケーションがうまくいっているかどうか不安があると話しています。母親も日本語が得意とは言えず，担任の先生にも相談できずに孤立しているようです。地域に，外国人児童生徒の支援団体がありますが，徒歩圏内になく，両親ともに働いているため送迎ができません。

　半年間の日本語学習の後も学校でほとんど話をすることがなかったため，前校の教員に，心理検査を受けることを勧められました。知能検査の結果は，全体的に平均の範囲より低い得点となっており，特に言語に関する得点が低

くなっていました。検査得点の低さは日本語の問題が影響しているとも考えられるため，慎重に解釈する必要があると伝えられましたが，検査実施の際に通訳が付けられたかなど，心理検査がどのように行われたのかについては分からないということでした。

　母親によると，前校では，心理検査の結果から，マリアが学校で話ができない理由として，発達障害の疑いがないとは言い切れないと言われ，日本語力の不足が問題ではないと判断されていたと感じていました。母国では，マリアは活発な子どもであったため，母親はマリアが発達障害である可能性については納得していないと話していました。

Ｉ　外国にルーツをもつ子どものアセスメントニーズ

　文部科学省（2019）によれば，897名の外国人児童生徒が特別支援学校に在籍しています。吉田・高橋（2006）は，質問紙を通して行った調査で，34校の外国人学校に発達障害のある子どもが在籍すると報告しています。ADHDの疑いの事例（黒葛原・都築，2011）をはじめとする具体的なニーズについても報告があります。外国人児童生徒が苦戦している場合，特別支援教育のニーズがあるのではないかと疑いながらも，日本語力等の問題である可能性を考えて支援につなげにくい（南野，2017）という場合や，移動に伴う一時的な言語発達の遅れによる問題である可能性が高い子どもが特別支援学級に在籍するケース（松田・中川，2017）も報告されています。

ＩＩ　アセスメントの複雑さの背景にある3つの要因

　前述の事例には，外国人児童生徒のニーズの見立てを難しくする要因が大きく分けて3つあります。1つ目は，文化間移動など，子どもの背景が複雑であるという点です。2つ目は，十分な日本語指導や母語支援など外国人児童生徒の成長を促進する適切な教育がなされているかという教育環境に関するものです。3つ目は，文化や言語の違いなど，子どもの背景を十分に考慮したアセスメントがなされているかというアセスメント方法に関するものです。

1．子どもの背景の複雑さ

外国にルーツをもつということは，どういうことなのでしょうか。どういった点が，日本の子どもと異なるのでしょうか。

1）言語と文化
外国人児童生徒の多様性を理解するためには，国籍や出生地よりも，子どもの成育に与える環境に目を向ける必要があります。外国人児童生徒の多くは，家庭内で使用される言語や来日前に通学していた学校の使用言語が，日本の学校の使用言語と異なります。また，家庭内の習慣や価値観などが日本の学校のものとは異なるという場合があります。英語では "Culturally and Linguistically Diverse Children（文化的言語的に多様な背景をもつ子ども）" という表現が使われることがありますが，外国人児童生徒は，日本語習得の課題に加えて，日本の文化や習慣などについても理解しなければならないというハードルがあります。このように，外国人児童生徒の多様性を理解するには言語と文化の両方の側面に注目する必要があります。

2）複数の文化背景をもつ存在
外国人児童生徒が日本の学校に通う場合，日本の言語や文化を学び，日本社会に適応していくための教育を必要としていることが想定されますが，子どもたちのウェルビーイングを考える場合，その目的は，必ずしも日本人に同化させることではありません。外国人児童生徒は，母文化と日本文化という複数文化の影響を受けるマルチカルチュラルな存在です。

Berry ら（1987, 1990）は，母文化のみを維持しようとしたり，移住先の文化に完全に同化しようとするより，母文化と移住先文化の両方の統合を目指す適応スタイルの方が，異文化適応ストレスが少ないと報告しています。文化適応の形には個人差があります。外国人児童生徒が，それぞれ自分に合った適応の形をとれるよう，複数の文化や言語の影響を受けながら成長していく過程を支えるという視点が，子どもたちのウェルビーイングの向上に役立つと考えられます。

3）使用言語の変化や文化間移動の過程での影響
日本語の習得過程や複数の文化を経験する過程に伴う影響もあります。例えば，学校での言語が母語と異なる場合，半年程学校で全く話をしないとい

うことがあります。何らかの心理的な問題を背景とした場面緘黙ではないかと捉えられる可能性もありますが，このような傾向は，第二言語の習得過程においては正常な反応の一つとも考えられています (Baker, 1993)。きょろきょろと周囲を見回すという一見多動と見える行動が，限られた言語理解の下で状況把握するために視覚情報を集めることを意図している場合も考えられます (黒葛原・都築，2011)。また，日本の文化や習慣について知識として理解したとしても，学校での掃除など，母文化とは馴染まない日本の習慣に抵抗を感じるということもあるでしょう。このように，複数の言語や文化に触れているからこそ，戸惑ったり，混乱したりする文化間移動の経験がもたらす影響についても考える必要があります。

2．外国人児童生徒の教育環境

　ThomasとCollinerによる米国の調査 (1997) では，母語と居住国語の両方で教科指導を行うバイリンガル教育を受けた移民の子どもは，居住国語の言語指導のみを受けた子ども，居住国語のみで教科指導を受けた子ども，さらに，居住国の現地の子どもよりも長期的にみると学業成績がよくなるという結果が報告されています。子どもの言語や文化の多様性に教育環境が対応していると，子どもの学力が伸びやすいということが示唆されます。日本では包括的な移民統合政策がないため，外国人児童生徒にとって適切な教育を受ける環境が整っているとは言い難いという指摘もあります (金, 2020)。日本語習得の十分な支援や，母語学習の機会など，可能な限り環境を整備することで，子どもの困難が軽減する可能性も考えられます。

　子どもの学校環境とのマッチングを考えることも必要です。絵や写真などによる補足がない，板書が少ない，指示文が長い，異文化や多様性に対する理解が乏しいなどの特徴は，外国人児童生徒との相性が良いとは言えません (Baker, 1993)。『外国人児童生徒受入れの手引』(文部科学省，2019) なども発行されていますので，そのような資料を参考に受け入れ環境について考慮することが不可欠です。

3．アセスメントの方法と課題

　子どものニーズを見立てる心理教育アセスメントにおいては，成育歴などの記録書類や保護者，教員，本人との面談，行動観察から得た質的情報と心

理検査の得点等を統合して見立てを行うことが必要です。母語の発達や日本語の習得度，家庭内の文化や使用言語，読む・書く・聞く・話すことにおける使用言語，来日年齢，在日期間，価値観，習慣，宗教などについても理解する必要があります（Rhode et al., 2005）。来日前に，適切な教育を受けていたか等，就学状況についても丁寧に確認する必要があります。母国で教育を受けていた場合でも，教育課程の相違により，学習進度が異なる場合や，移動に伴って抜け落ちている学習内容があるかもしれません（松田・中川，2017）。

1）認知特性の評価の課題

　子どもの心理教育アセスメントでは，子どもの認知特性についての情報を得ることが必要な場合もありますが（明翫，2013），外国人児童生徒の認知特性の評価方法には課題があります。通常，日本の子どもに使用される検査は，日本の子どもを対象として標準化されています。日本語で実施されますので，外国人児童生徒が日本語で検査教示を理解し，日本語で応答できるかという点が問題になります。検査に反映された文化的な知識があるかという点も考慮が必要です（島田，2016）。文化的な知識とは，日本で生活し，日本の家庭で育つ中で学ぶ習慣や日本の学校で適切に教育を受けることで獲得が可能な知識などを指します。言語や知識に直接関連した検査課題だけでなく，絵による教示や課題にも，文化的な背景や習慣などの影響があるものがあります。

　年齢相応の言語力や文化的知識を習得するには，年齢や移住環境などを考慮する必要があるものの，概して5年から7年程度の教育を移住国で受ける必要があり，少なくともその間は，通常の検査の利用では妥当な結果が得られない可能性があると言われています（Rhodes, et al., 2005）。

2）外国人児童生徒の心理教育アセスメントの研究

　外国人児童生徒への検査の実施方法について，日本版の検査内容を子どもの母語に翻訳して実施した例（緩利・二井，2010）や通訳者を利用した例（丸山，2013）などの報告がありますが，言語の変更のみでは検査項目に含まれる文化的内容の影響は避けられません（島田，2016）。Cattell Culture Fair Intelligence Test 2という検査を利用した例（二井・緩利，2013）やレーヴン色彩マトリックス検査を利用した例（松田・中川，2017）も報告が

ありますが，図形などを使用した多くのマトリックス検査は，指標が単一で
あるため，その子の認知的な強みや弱みは何かという情報が得られません。
そのため，通常のアセスメントに使用される多くの知能検査とは異なり，具
体的な支援の手がかりにつながる重要な情報が限られるという課題が残りま
す（McCallum et al., 2017）。

　松田・中川（2017）は，特別支援学級に在籍する子どもを含む，発達障害
の疑いがある日系ブラジル人児童5名にポルトガル語版 WISC-IV 知能検査
（ウェクスラー式知能検査）を実施しました。そのうち2名について，平均範
囲の得点が算出され，発達障害ではない可能性が示唆されました。他3名に
ついては，はっきりと障害が認められるには至らないという結果でした。松
田・中川（2017）は，この5事例の WISC-IV の作動記憶と言語理解の得点
が低くなるという結果から，そのような得点傾向をN型と呼び，外国人児童
生徒にみられる典型的な得点パターンとすることで，鑑別の手がかりとなる
可能性があると論じていますが，どの程度の低下であれば問題ないのかにつ
いて判断が難しいという側面があります。

　また，母国版の検査を使用することは有用ですが，注意すべき点もありま
す。日本で育つ外国人児童生徒は，日本にいる期間，母国での教育を受けて
いませんので，母国での教育経験が母国の子どもと比べると少ないというこ
とになります。つまり，日本で育つ外国人児童生徒は，母国の子どもとは教
育背景が異なるため，母国で生まれ育ち，母国の教育を受けている子どもを
対象として標準化された検査が，日本で育つ外国人児童生徒に完全に適して
いるとは限らない場合があります（Rhodes et al., 2005；島田，2016）。

3）外国人児童生徒のための JSL 対話型アセスメント DLA

　外国人児童生徒のアセスメントに関しては，学校で利用可能な日本語能
力測定法として，外国人児童生徒のための JSL 対話型アセスメント DLA
（Dialogic Language Asseessment）が推奨されています（文部科学省，
2014）。限られる日本語能力の下で，認知活動を可能な限り引き出そうとす
るものとし，思考力などを伴う認知面についても評価の目的とされています
が（文部科学省，2014），日本人の子どものアセスメントに使用される知能
検査のように標準化がなされているものではなく，認知特性の評価ツールと
しては，簡易的なものと考えられます。

　米国精神医学会による『精神疾患の診断・統計マニュアル第 5 版（DSM-5）』には，知的機能の推定に利用される検査は，包括的かつ文化的に適切で，精神測定学的に信頼できる検査である必要があると記載があります（American Psychiatric Association, 2013）。子どもの日本語能力についての評価は欠かせませんが，DLA は，日本の家庭で育つ子どもに利用される認知特性の評価のための知能検査に匹敵するものとは言えません。

III　国外での文化言語マイノリティの子どものアセスメント

　国際テスト委員会（International Test Commission；以下 ITC とする）は，近年のグローバル化の影響により，難民の受け入れ，同一国内での公用語と日常語の併用など各国の文化と言語が複雑化，および多様化していることを背景に，主に教育現場での文化や言語背景が異なる子どもの集団アセスメントに関するガイドラインを示しています（ITC, 2018）。そこには，学校で使用される言語が子どもの家庭内言語と異なる場合，受検者の使用言語を考慮して，受検言語を決める必要があると述べられています（ITC, 2018）。Oakland（2016）は，ITC のハンドブックの中で，認知特性の検査の標準実施に厳密に従った場合，移民や第二言語学習者の検査得点の信頼性と妥当性に限界があるため，実施方法を変更する必要があるとしています。

1．米国の心理教育アセスメントの歴史

　さまざまな文化背景の子どもが教育を受ける米国では，1970 年代から，文化や言語背景が多様な子どもたちの心理教育アセスメントの問題が注目されていました。IQ 30 という結果を受けて重度知的障害児学級に入ったヒスパニック系の子どもが，後のバイリンガル心理士による再評価で，IQ が最初のスコアより約 50 高いことが分かり，言語の違いを考慮しないアセスメント慣行による被害訴訟として，原告への同意判決が下された判例法（Diana v. State board of education, 1970）などがあります（Jacob & Hartshorne, 2003）。米国全障害児教育法（Education for All Handicapped Children Act; EHA）の評価過程における保障条項（Protection in Evaluation Procedures）には，民族文化背景の異なるマイノリティに対する非差別的なアセスメントという条項が含まれており，言語や文化による行動や学習

スタイルの違いを障害としないことが明確にされています（Rhodes et al., 2005 ；島田，2016）。文化や言語マイノリティの心理教育アセスメントの方法については，逸出する方法がない（Flanagan et al., 2013）とされていますが，実際に，米国の心理教育アセスメントがどのように行われているかを見てみたいと思います。

2．米国のスクールサイコロジストによるアセスメント

　米国では，学校現場で支援を行うスクールサイコロジスト（School Psychologist；以下 SP とする）という専門家を中心に心理教育アセスメントが行われています。子どもの認知面のアセスメントに関する米国の実態調査（Sotelo-Dynega et al., 2014）によれば，調査に回答した 323 名の SP の 9 割以上が，言語や文化の違いを考慮して，通常とは異なるアセスメント方法を採用しています。88.6％の SP が非言語性知能検査を利用し，その他には，聞き取りや観察（Carvalho et al., 2014）などのインフォーマルな方法，通訳や母語版検査の利用なども含まれています。87.2％の SP が実際に文化言語マイノリティのアセスメントを行っていますが，バイリンガルである SP は 11.6％でした。

IV　認知特性の評価に使用される各種検査の特性の違い

　この調査で文化言語マイノリティの子どもに利用された報告のある米国版検査のうち，日本版が刊行されているものが 3 検査あります。日本版 WISC-IV知能検査（日本版 WISC- IV刊行委員会，2010）の開発のもとになっている Wechsler Intelligence Scale for Children-Fourth Edition（Wechsler, 2004），日本版 Kaufman Assessment Battery for Children Second Edition（KABC- II；日本版 KABC- II制作委員会, 2013）の開発のもとになっている KABC-II（Kaufman Assessment Battery for Children [Second Edition]: Kaufman & Kaufman, 2004），日本版DN-CAS認知評価システム（DN-CAS；前川ら，2007a）の原版である Cognitive Assessment System（CAS; Naglieri et al., 1997）です。なお，日本版 KABC- IIには認知尺度と習得尺度がありますが，米国版の習得尺度は独立して刊行されているため，上記の米国版 KABC- II（Kaufman & Kaufman, 2004）には含まれません。

習得尺度は学力検査にあたり，学力は，ある社会の成員で獲得することが期待される基礎知識で知能とは異なります（荘島，2014）。

　いずれの日本版検査もわが国の心理教育アセスメントで使用される主要な検査です。大六（2012）によれば，WISC-IV は背景知識が要求される検査を含み，現実生活に結び付いた知能の側面を推定することができます。一方，知能検査ではなく，認知検査と呼ばれることが多い DN-CAS や KABC-Ⅱの認知尺度は背景知識の影響が少ない認知の基礎過程を推定します。いずれの検査も一般知能因子をはじめとする能力を共通に推定していると考えられています（大六，2016）。

　日本版は WISC-V（日本版 WISC-Ⅴ刊行委員会，2021）が刊行されていますが，米国版 WISC-V のマニュアル（Wechsler, 2014）には，当該検査が米国に住む英語を第一言語とする子どもを対象としていると記載されています。そして，米国の主要マイノリティである南米からの移民向けにスペイン語版 WISC-V 検査（Wechsler, 2017）が別途開発されています。米国版 CAS は，子どもが教示を理解できれば，例示問題や練習問題を通して，課題を理解できるよう構成されていて，必要な場合には，他の言語を使用して実施することも許容するとされています(Naglieri et al., 1999)。米国版 KABC-Ⅱは，教示に言語が必要ですが，検査項目自体において文化と言語による影響の低減が図られていることが特徴で（日本版 KABC-Ⅱ制作委員会，2013），非言語指標や，獲得された知識を問う課題得点が含まれない下位指標を利用することなどが記されています（Kaufman & Kaufman, 2018）

　このような多文化への検査適用の方向性の相違には，各検査が推定しようとする能力の違いが影響していると推察されます。WISC-IV には，他の2つの検査と異なり，背景知識に関する能力が含まれているため，異なる知識背景をもつ文化言語マイノリティの子ども向けに，検査を別途開発しているという背景があることがうかがえます。日本版検査の開発の際には，実施言語の変更のほか，日本の文化背景や言語を考慮した検査項目の採用，難易度の調整などが行われています。KABC-Ⅱに関しては，一部採用された下位検査が異なるものの，いずれの検査に関しても，検査の本質に関わる変更はないと考えられます（日本版 WISC-Ⅳ刊行委員会，2010；前川ら，2007b；日本版 KABC-Ⅱ制作委員会，2013）。日本版検査が米国版と同様の特性をもつのかについては，実際の検査得点を比較して確認する研究が必要ですが，

ある程度の傾向は類似すると考えられますので，各検査の特性を理解した上で，検査を適用することが望まれます。また，検査の実施に通訳が必要ですが，その場合，検査時間の延長や訳語の違いなど，検査の実施手順の変更の問題が避けられません（島田，2016）。検査の標準実施からの逸脱が得点に影響する可能性も留意しておく必要があります。

V　非言語性知能検査 UNIT

　UNIT は，米国の SP が文化と言語背景の異なる子どもに最も多く利用している検査として報告されています（Sotelo-Dyena & Dixon, 2014）。既存の3つの日本版検査の実施には通訳が必要ですが，UNIT は教示がジェスチャーと練習問題を通じて行われるため通訳が不要です。現在は6つの下位検査から構成される Universal Nonverbal Intelligence Test ― 2nd Edition（UNIT2, Bracken & Mccallum, 2016）に改訂されており，全検査 IQ に加え，推理，記憶，数量の3つの下位指標得点が得られます。一部，日本の外国人児童生徒に使われた研究もあります（Shimada et al., 2018）。日本人検査者が子どもの言語に関わらず多様な文化背景の子どもに実施できる検査が利用可能になれば，日本の外国人児童生徒のアセスメントの一助になると考えられます。

VI　質的情報の重要性

　外国人児童生徒の文化背景や教育背景は多様で，子どもの置かれている環境も一様ではありません。また，日本語の伸長や日本の生活への適応が進むことで子どもの苦戦が変化していくことも考えられます。そのため，心理検査の結果のみに依らず，子どもの教育背景や行動観察などの質的情報と合わせて見立てを行うことが重要です。米国では，学校に勤務する SP がアセスメントを行う際，知能検査等の心理検査の実施に加えて，保護者からの聞き取り，校内での行動観察，複数の教員からの情報収集などを行います（島田，2016）。そのため，子どもの実際の様子や環境に関するアセスメントが比較的容易で，多面的な情報を心理検査の結果と統合することができます。一方で，日本では心理検査を行うのは学校外の医療機関等であることが多く，検

査の結果と学校での様子などの質的情報が必ずしも統合されることがない場合もあります。このような溝を埋めるためには，医療機関，教育機関，多文化支援機関などが連携してアセスメントを行い，外国人児童生徒のウェルビーイングを支えるための支援について考えていく必要があるでしょう。

文　　献

American Psychiatric Association (2013) Diagnostic and Statistical Manual of Mental Disorders, 5th ed.（日本精神神経学会監修，高橋三郎・大野裕監訳，染矢俊幸・神庭重信・尾崎紀夫・三村將・村井俊哉訳（2014）DSM-5 精神疾患の診断・統計マニュアル．医学書院.）

Baker, C. (1993) Foundations of Bilingual Education and Bilingualism.（岡秀夫訳編（1996）バイリンガル教育と第二言語習得．大修館書店.）

Berry, J. W. (1990) The Role of Psychology in Ethnic Studies. Canadian Ethnic Studies, 22(1); 8-21.

Berry, J. W., Kim, U., Minde, T. & Mok, D. (1987) Comparative studies of acculturative stress. The International Migration Review, 21(3); 491-511.

Bracken, B. A. & McCallum, R. S. (1998) Universal Nonverbal Intelligence Test. Pro-Ed.

Bracken, B. A. & McCallum, R. S. (2016) Universal Nonverbal Intelligence Test-Second Edition. Pro-Ed.

Carvalho, C., Dennison, A. & Estrella, I. (2014) Best Practices in the Assessment of English language learners. In: Harrison, P. L. & Thomas, A. (Eds.): Best @ractices in School Psychology. Foundations. The National Associations of School Psychologists, pp.75-88.

大六一志（2012）第20回　大会特集・あらためて問う発達障害児の学習支援―知能・学力・生きる力―「新しい心理検査」学会企画シンポジウム：新しい心理検査指定討論―DN-CAS, WISC-IV, KABC-Ⅱの特徴と使い分け．LD研究，21; 66-67.

Flanagan, D. P., Ortiz, S. O. & Alfonso, V. C. (2013) Essentials of Cross-Battery assessment (3rd ed.). Wiley.

International Test Commission. (2018) ITC guidelines for the large-scale Assessment of linguistically and culturally diverse populations. https://www.intestcom.org/files/guideline_diverse_populations.pdf

Jacob, S. & Hartshorne, T. S. (2003) Ethics and Law for School Psychologists (4th ed.). John Wiley & Sons.

Kaufman, A. S. & Kaufman, N. L. (2004) Kaufman Assessment Battery for Children, (2nd ed.). AGS Publishing.

Kaufman, A. S. & Kaufman, N. L. (2018) Kaufman Assessment Battery for Children, (2nd ed.). Normative Update Manual Supplement. NCS Pearson.

金春喜（2020）「発達障害」とされる外国人の子どもたち―フィリピンから来日したきょうだいをめぐる，10人の大人たちの語り．明石書店.

前川久男・中山健・岡崎慎治（2007a）日本版 DN-CAS　認知評価システム．日本文化科学社.

前川久男・中山健・岡崎慎治（2007b）日本版 DN-CAS 理論と解釈のためのハンドブック．日本文化科学社．

松田真希子・中川郷子（2017）外国にルーツをもつ児童の発達アセスメントと言語の問題について―発達障害と一時的リミテッド状況の鑑別のための調査研究．金沢大学留学生センター紀要，21; 29-42.

丸山宏樹（2013）学習や行動上の困難を呈する外国人の子どもの特徴―WISC-Ⅲの結果の分析からの検討．日本教育心理学会総会発表論文集，55; 325.

McCallum, R. S. (Ed.) (2017) Handbook of Nonverbal Assessment (2nd ed.). Springer International.

南野奈津子（2017）特別な支援を要する幼児・児童の多様性と支援―外国人障害児に関する考察．ライフデザイン学研究, 13; 337-347.

文部科学省（2014）外国人児童生徒のための JSL 対話型アセスメント DLA（Dialogic Language Assessment for Japanese as a Second Language）．文部科学省初等中等教育局国際教育課．

文部科学省（2019）外国人児童生徒の多様性への対応―外国人児童生徒受け入れの手引き［改訂版］．文部科学省総合教育政策局男女共同参画共生社会学習・安全課．

明翫光宜（2014）心理アセスメントとは？　In：辻井正次監修，明翫光宜編集代表：発達障害児支援とアセスメントのガイドライン．金子書房，pp.55-61.

Naglieri, J. A. (1999) Essentials of CAS Assessment. Wiley.

Naglieri, J. A. & Das, J. P. (1997) Cognitive Assessment system. Riverside.

日本版 KABC-Ⅱ制作委員会訳編（2013）日本版 Kaufman Assessment Battery for Children Second Edition：KABC-Ⅱ．丸善出版．

日本版 WISC-Ⅳ刊行委員会訳編（2010）日本版 WISC-Ⅳ知能検査．日本文化科学社．

日本版 WISC-V 刊行委員会訳編（2021）日本版 WISC-Ⅴ知能検査．日本文化科学社．

二井紀美子・緩利誠（2013）外国人児童生徒支援に資するアセスメントの枠組みの提案―不就学児調査を通して．生涯学習・キャリア教育研究，9; 1-12.

Oakland, T. (2016) Testing and Assessment of Immigrant and Second-Language Learners. In: Leong F. T. L., Bartram, D., Fanny M., Cheung, F. M., Geisinger, K. F. & Iliescu, D. (Eds.): The ITC International Handbook of Testing and Assessment. Oxford University Press, pp.318-480.

Rhodes, R. L., Ochoa, S. H. & Ortiz, S. O. (2005) Assessing Culturally and Linguistically Diverses Students: A Practical guide. Guilford Press.

島田直子（2016）多文化背景の子どもたちへの知能検査の利用法―心理教育アセスメントに関する近年の米国の文献から．LD 研究，25(3); 358-367.

島田直子（2018）米国スクールサイコロジストによる多文化背景の子どものアセスメント―事例を通したアセスメント方法の報告と考察．駒澤大学心理学論集, 20; 33-42.

Shimada, N., Imamura, Y. & Iida, J. (2018) An Initial Validation of the UNIT2 for Culturally and Linguistically Diverse Populations in Japan. Paper Presented on the 40th Annual Conference of International School Psychology Association (Tokyo, Japan).

荘島宏二郎（2014）学力を図る．In：日本発達心理学会編：発達心理学辞典．丸善出版, pp. 522-523.

Sotelo-Dynega, M. & Dixon, S. G. (2014) Cognitive Assessment Practices: A Survey of School Psychologists. Psychology in the Schools, 51(10); 1031-1045.

Thomas,W. P. & Colliner, V. P. (1997) School Effectiveness for Language Minority Students. National Clearinghouse for Bilingual Education.

黒葛原由真・都築繁幸（2011）外国人 ADHD 児の学習行動に関する分析．障害者教育・福祉学研究，7; 59-73.

Wechsler, D. (2004) Wechsler Intelligence Scale for Children, Fourth Edition. Pearson.

Wechsler, D. (2014) Wechsler Intelligence Scale for Children, Forth Edition administration and scoring manual. Pearson.

Wechsler, D. (2017) Wechsler Intelligence Scale for Children, Fifth Edition Spanish. Pearson.

吉田洋子・高橋智（2006）障害・特別ニーズを有する在日外国人児童生徒の教育実態―外国人学校への質問紙調査を中心に．東京学芸大学紀要―総合教育科学系, 57; 269-289.

緩利誠・二井紀美子（2010）不就学外国人児童にみられる知的能力の実態とその傾向―WISC- Ⅲの結果分析を中心に．日本教育学会大會研究発表要項 , 69; 390-391.

第 11 章

多文化を受け入れる教室を目指して

――多文化を包摂する力の発達と教室の目標構造

中谷素之

▌事例「外国ルーツの子どもが居心地のよいクラスとは／小学 4 年生」

　タカシは，日本に来て 4 年目になる。生まれは東南アジアのある国で，小学 1 年生までは母国で家族や親せきと暮らしていた。小学 2 年生になる年に，父親の仕事の都合で，日本の中部地方にある A 市に引っ越した。

　引っ越してきた当初は，タカシはまだ幼かったこともあり，親と一緒に異国で生活できることに，少しワクワクした気持ちでいた。

　小学校に入学する日がやってきた。入学といっても，学期途中の 7 月，夏の盛りが始まった頃に，親に付き添われ，クラスのみんなの前でひとりであいさつをするというものだ。学校には外国籍の児童も多く，先生たちは比較的慣れた様子で，タカシを促したり，話をしてくれた。日本語はまだ理解できないので，市から派遣された日本語と母国語のできる外国語支援員さんがついてくれ，対応してくれた。

　クラスの先生やクラスメイトの人たちは，タカシにも普通に接してくれ，馴染むのは早かった。日本語は難しかったが，勉強ではできる問題には回答したり，映像やプリントでわかることを学んだりした。また給食や休み時間に班のみんなと一緒に過ごすことは学校にいく楽しみであった。そんな風に低学年の間はあっという間に日本での生活が過ぎていった。

　4 年生になってから，タカシはこれまでと少し違った気持ちを感じるようになった。新しく担任になった先生が，新任で，宿題やクラスのきまりなど，いろいろなルールについて，厳しく注意することがあった。みんなと同じようにやっているつもりだったが，時折自分だけ強く注意されているように感じ，少し不満げな表情を見せることもあった。「みんなと同じようにしなさ

い」と言われるたびに，イヤな気持ちになるのだった。先生がみんなにルールを守らせたい，という気持ちはわかるけれど，いつでも，すぐにきまりを守った行動ができないこともあることをわかってほしい，そんな気持ちを感じていた。

　ある日，教頭先生が学校をまわっているときに，不満げな様子のタカシをみつけて，声をかけた。「さっき先生が言っていたことがイヤだったの？」教頭先生は休み時間に優しく尋ねた。タカシは，高学年になって自分が注意されることが増えていたことや，自分が他の子のようにすぐ同じ行動をとることができないときもあることを伝えた。教頭先生は話をよく聞いてくれ，ときどき理由をつけては授業を見に来てくれたり，外国人児童生徒が学ぶ国際学級で勉強しているときにたまに教えてもくれたのだった。

　その後，担任の先生はタカシに厳しく注意することは少なくなり，タカシは以前のようにクラスにいるのが楽しめるようになった。先生は，授業や生活の場で注意することよりも，むしろほめたり認めてくれることが増えたようだ。タカシだけでなく，他の外国ルーツの子や，発達のニーズのある子たちも，注意されることが少なくなり，居心地がよくなったようだ。クラス全体の雰囲気もよくなり，年末の学習発表会に向けて，班ごとの話し合いも盛り上がり，自分から発言したり，子ども同士で議論できる雰囲気も高まってきた。

I　はじめに──コロナ禍によって明らかとなった学校教育の諸課題

　平成から令和になってはや4年の月日が経過しています。この4年間の日本，世界を取り巻く状況は，2020年以降，いまだかつて誰も想像したことのない，大変厳しいものになりました。新型コロナウィルスによるパンデミックにより，世界の人類はほとんど例外なく，便利で自由な生活を抑制されることになりました。学校教育においても，2020年6月のOECDの報告（OECD, 2020）によれば，全世界199の国で，学校の休校が生じており，それによって17億人もの子どもや若者，その家族が，深刻な学習の障害を受けていることが示されています。その後も，この原稿を執筆している2022年5月の今日に至るまで，感染拡大のたびに，世界各国で学校閉鎖や休校が

頻発し，わが国でも 2020 年 2 月末に文部科学省による全国一斉臨時休校の措置が取られ，多くの地域・都市で 5 月末までの 3 カ月におよぶ休校期間を経験することとなりました。想像もしていなかった長期の休校や，突然の学校閉鎖，学級閉鎖が続く 2 年あまりを過ごした子どもたちの心中はいかばかりのものでしょうか。一般の子どもはもちろん，発達に困難を有する子どもや家庭に経済的困難を抱えた子どもにとっては，特にその影響は大きなものでしょう。コロナ禍によって明らかにされた，学校教育のさまざまな課題や，教育格差のリスクという問題は，今後の学校教育にとって避けられない課題であることは間違いありません。

II　日本の学校における「多様性」の拡大

　コロナ禍はわが国の学校教育の制度や実際に，さまざまな潜在的な問題があることを浮き彫りにしています。わが国の学校教育が直面する大きな課題のひとつとして，これまで日本の学校教育が，同じ学年の 1 クラス 40 名という大人数の児童生徒を対象に，同一の授業内容を同一の進度で教え，等しく習得させるという，同質の児童生徒を仮定した集団での一斉指導を前提とした学習指導・生活指導が行われてきた，ということがあげられます。すなわち，実際にはクラスのなかにはさまざまな学力や個性をもつ児童生徒が多くいるにもかかわらず，習熟度や個性などの多様性に十分に目を向けることが少なかった，という問題があげられます。

1．文化的多様性の拡大——外国にルーツをもつ児童生徒の増加

　今日わが国の学校教育では，さまざまな多様化が急速に拡大してきています。ひとつは，外国ルーツの児童生徒の急激な増加です。近年わが国では，外国人労働者受け入れと増加に伴い，日本語指導が必要な外国人児童生徒が急増しているのです。文部科学省による調査では，10 年前に比べ，日本語指導の必要な外国人児童生徒の数は 18,000 人増の 41,000 人と急増しています（文部科学省，2020a）。これまでは特定の地域や学校で見られていた外国にルーツをもつ児童生徒が，いまや多くの地域や学校で，クラスに数名の外国ルーツの児童生徒が在籍する，という状態が当たり前になってきています。同じ「日本人」を対象にした集団での一斉指導を前提にしていた学習指

導のあり方が通用しなくなってきています。

　外国人児童生徒は，言語の問題が，学習や生活での適応に大きく影響することはいうまでもなく，生活の習慣や対人関係のあり方など，自国との明示的あるいは暗黙の文化的な違いを感じ，多くの面で困難やリスクを抱えやすい可能性があります。教師や学校は，このような，日本とは異なる文化的背景や民族的特徴，習慣を理解したうえで，児童生徒の理解や学習指導にあたる必要があります。

2．発達的多様性の拡大──発達障害をもつ児童生徒の増加

　もうひとつのわが国の学校における多様性拡大の動向として，発達障害をもつ児童生徒の増加があげられます。情緒的あるいは社会的発達において何らかの困難を有する児童生徒の数は，近年大きく増加していることが知られています。

　小学校および中学校において，通級による指導を受けている児童生徒数はこの 10 年間で 72,902 名増の 122,587 名と増加しています（文部科学省，2020b）。そこには学習障害（LD）や自閉スペクトラム症（ASD），あるいは注意欠如・多動症（ADHD）などのさまざまな発達の偏りや困難をもつ児童生徒が含まれています。

　これらの子どもたちは，クラスのなかで学習や対人関係など多くの面で困難を抱える可能性があります。学習であれば，授業で長い時間，一方的に先生の話を聞いているという状態が困難な子どももいるでしょう。また，掃除や委員会活動などの役割に基づく集団行動でも，他の子どもとの関係で難しさを抱えたり，ある役割を遂行する上で何をどの程度行うべきか，理解や推測をすることが困難な場合もあるでしょう。

　今日のわが国の教室場面においては，このような文化的・発達的な多様性をもつ児童生徒の存在はけっして例外ではありません。1 クラスのなかに外国にルーツをもつ児童生徒がいたり，発達障害を有する児童生徒がいることは珍しいことではなく，複数の当該児童生徒が在籍していることもあります。このような，児童生徒のもつ多様性の拡大を，教室のなかでどのように理解すればいいでしょうか。またこのような多様性の拡大に対して，学校や教師は何ができるでしょうか。

3．文化的・発達的多様性に向き合うために

　このように，今日の教室には，さまざまな多様性がクラスのなかで共存しています。すなわち，多くの日本人の児童生徒にとって，文化的あるいは発達的に『自分とは異なる』さまざまな特徴をもつ子どもたちがおり，その子たちにどう向き合い，協働していくかは，学校教育にとって新しく重大な課題となります。子どもたちにとって，同じクラスにいる "ことばや生活習慣が違う子ども" や "落ち着きがない，ときに理解しにくい行動をする子ども" は目前の現実であり，ときには面倒さや難しさも感じるかもしれません。このような，教室のなかの "自分と異なる属性をもつ他者" をどう理解し，共存するかは，これからの学校における子どものウェルビーイングや学びを考える上で欠かせないテーマです。

4．従来の異文化間教育研究，特別支援教育研究における課題

　しかしこれまでの異文化間教育研究では，文化間移行を経験する外国ルーツの児童生徒について，当該児童生徒の視点に立って，主に民族的・文化的な背景の違いに注目して検討されることがほとんどでした（例：志水・清水，2001）。文化的な習慣の違いや生育の違いによって，日本という異文化への適応に困難を感じる，というように，主に慣習や制度，態度といった文化的要因が，異文化から日本に適応しようとする子どもの適応に難しさをもたらすと考えられます。もちろん，言語能力の問題の影響は大きく，聞く・話す・読む・書くという 4 つの技能の向上は，ニューカマーの子どもにとって重要な問題です。これらの研究や事例は，異文化に生きる外国ルーツの子ども本人に注目した重要な問題提起だと考えられますが，一方で，外国ルーツの児童生徒を受け入れる側である，マジョリティとなる日本人児童生徒の視点はほとんど考慮されていなかった，という課題があげられるでしょう。

　また，異文化間心理学の領域でも，異なる文化をもつ児童生徒がお互いを理解し良好な関係を築くことができるかは，重要な問題意識でした。しかしそこでは，多くの場合，欧米や中東などで，民族的な対立や差別を念頭においた枠組みが検討されてきました（例 Brenick, Lawrence, Carvalheiro & Berger, 2019）。

　一方，発達障害に関する研究でも，発達障害の児童生徒本人の視点から，

指導法や対人関係について考える研究や実践の開発が多くなされてきました（例：小貫・桂，2014）。なかには，特別支援教室から通常の教室への移行，いわゆる交流学級を扱った研究もあり，一般の児童生徒との関わりに関する問題は生じているものと思われます。しかし，発達障害の児童生徒をとりまく一般の児童生徒という視点に立って，クラスの中でどのように多様な子どもが理解され受容されるのか，という問題設定がなされた例はほとんどありません。

　上記のように，これまで学校現場や，教育的・心理学的な研究では，外国ルーツの児童生徒の問題と，発達障害をもつ児童生徒の問題とは別々のテーマとして扱われてきました。さらに，外国ルーツの児童生徒，発達障害をもつ児童生徒の当事者に焦点をあてたアプローチが多くとられ，そのような多様性をもつ児童生徒を，それ以外の多数派にあたる児童生徒はどのように認識し，受容できるのか，という点について検討されたことはほとんどありませんでした。つまり，外国ルーツの子どもや，発達障害を有する子どもなど，さまざまな多様性をもつ子どもが一般の日本人の児童生徒とともにいる，今日のごく普通の教室の実際について，そのリアリティに焦点を当てた視点は見過ごされてきたといえるでしょう。

III　「自分とは異なる他者」を受容する ――「多文化包摂コンピテンス」の視点

1.「多文化包摂コンピテンス」とは何か

　本章では，これらの文化的・発達的な多様性を，それぞれ別個のテーマとしてではなく，ともに学校や教室においてごく日常的に経験する多様性として包括的にとらえたいと思います。そして，教室の現実に即して，これらの「自分とは異なる特徴をもつ他者」という多様性に対して，どのように理解し受け入れることができるかに注目します。すなわち，児童生徒の拡大する多様性をどう理解し包摂できるかという視点から，文化と発達の両面を視野に入れ，「自分とは異なる他者」の理解と協働のための「多文化包摂コンピテンス」という視点を提案したいと思います。「コンピテンス」とは，あることがらに対する自信や有能さを意味する心理学用語です。

　教室のなかにはさまざまな子どもがいます。そもそも同じ学年とはいって

も，個性も性別もちがいます。さらには，外国にルーツをもつ児童生徒では，生まれた国や母語が一般の日本人の児童生徒とは異なっています。また発達障害をもつ児童生徒では，発達の特徴や個性に偏りがあると考えられます。

　このような，多様性をもつ他者とよい関係を築き，円滑な人間関係を築いてコミュニケーションをとるためには，さまざまな多様性を受容する力が必要です。「多文化包摂コンピテンス」とは，教室における児童生徒のさまざまな多様性に向き合い，それを認め，包摂する力を意味しています。

　わが国の小中学校は，日本に生まれ育った日本人で，発達のニーズをもたない一般の児童生徒がその多くを占めています。それらの子どもたちが，自分とは異なる特徴や背景をもつ，外国にルーツをもつ児童生徒や，あるいは発達のニーズをもつ児童生徒に対して，受容的な態度をとり，同じ教室，学校で学ぶ仲間として包摂的にかかわることができることが，これからの多様性のある学校・教室の学びを実現するうえでかかせません。これまでのわたしたちの研究から，「自分とは異なる他者」を受け入れ協働する力である，「多文化包摂コンピテンス」の概念とその内容について，ご紹介したいと思います。その上で，このような子どもの力は，どのような教室環境のもとで高められるのか，という教育的問題について検討したいと思います。

2．「多文化包摂コンピテンス」の測定

　自分とは異なる特徴をもつ他者を受け入れる。学校という，同じ地域に暮らし同じ年に生まれた，さまざまな児童生徒が学ぶ場では，子どもは他の子どもと何らかのかたちで互いを受け入れ，協働する必要があります。

　これまで，教育や発達の心理学の領域における，他者に対する寛容性や耐性といった研究では，皆が守るルールや規範について，それを守らない子どもがいる際に，その相手に対してどのように認知するか，ということが評価の対象とされてきました（例：長谷川，2014）。学校という場では，多くの守るべきルールや規範が存在しており，それを守ることが児童生徒には求められています。そこで，ルールや規範を守ることができない，守れない子どもがいたという場面を設定し，その際の態度を評価してもらうことで，逸脱者というマイノリティ（少数派）に対して，通常ルールや規範を守ることができているマジョリティ（多数派）の子どもがどう認知するかという包摂的な態度，力を評価することができるものと考えられます。

3．「多文化包摂コンピテンス」を促進する教室環境

ところで，学校における学びや育ちを考えるうえで，学級のもつ影響力は大きなものがあります。子どもは学校で過ごす時間の大半を教室で過ごし，授業や特別活動など，クラスメイトとともにさまざまな活動を行っています。教室にどのような風土や雰囲気があるかは，授業における子どもの学びや，学校生活全体の適応感，ウェルビーイングを決める大きな要因であることは間違いありません。

これまで，教育心理学的に学級の影響を考える研究の枠組みとして，学級風土に関する研究が多くなされてきました。たとえば伊藤・宇佐美（2017）は，学級を「学級活動への関与」「生徒間の親しさ」「学級内の不和」「学級への満足感」「自然な自己開示」「学習への志向性」「規律正しさ」「リーダー」という 8 つの領域，計 57 項目からとらえています。

一方で，教室環境を，より児童生徒の動機づけや適応といった結果と結びつけて検討する視点として，教室の目標構造研究をあげることができます。学級を「目標構造」という視点からとらえ，教室においてどのような目標構造が認知されているかによって，子どもの動機づけや適応感，ウェルビーイングが異なる，と考えるものです。

自分とは異なる他者を受け入れ，協働できる力である「多文化包摂コンピテンス」は，子どもの認知やコンピテンスといった動機づけに関する概念であるととらえられ，教室の目標構造が意味ある影響を与えている可能性が考えられます。

そこで，教室環境の測定として，教室の目標構造に注目します。その上で，近年研究が進められてきている，「教室の社会的目標構造」という，教室における思いやり志向に注目したいと思います。教室に他者への配慮や思いやりを重視する基盤が形成されているクラスでは，さまざまな多様性をもつ子ども，ルールを守ることが必ずしも容易にできない子どもに対しても，受容的，包摂的に関わることができ，そのためのコンピテンスが育っていると考えられます。

1）調査協力校と学校・児童の様子

調査協力校は，A 県 B 地区にある X 市における中規模の公立小学校でした。

都市郊外の住宅地であり，農地や工場のある地域に位置し，地元地域住民とのつながりも良好な学校です。外国人児童数はおよそ 1 割前後であり，外国人が多く住む，いわゆる集住地区ではなく，学区のさまざまな場所から外国人児童が通ってきています。外国人児童の日本語能力については，おおむね授業を受ける上で問題のないレベルの児童が多く，課題のある子どもは調査対象には含めていません。

　また，発達のニーズのある児童について，個別支援計画の対象となっている児童は全体の 2 〜 3 ％前後で，特別支援学級と普通学級との通級で授業を受けている児童はそれよりも多い数でした。

　最終的に，協力者は小学 3 年生から 6 年生の 268 名であり，各学年 83 〜 104 名程度，男子 143 名・女子 125 名という内訳でした。調査は 2020 年 12 月に集団で実施されました。当時，コロナ感染状況はおおむね落ち着いており，感染防止対策を実施しながら，通常の授業が実施されていました。

2）測定尺度

　A．多文化包摂コンピテンス尺度：自分とは異なる特徴や行動を示す他者をどの程度受け入れることができるか，を多文化包摂コンピテンスととらえました。学校場面において典型的に皆が従うべき明示的・暗黙のルールを逸脱する状況において，その他者に対してどのように感じ（感情），とらえるか（認知）という 2 つの点について評価してもらいました。学校場面でルールに従わない行動をとる他者に対して，どの程度受容することができるかを，場面想定法という仮想の場面を提示し，その際の反応を自己評価するという方法で調査しました。

　ルールに沿わない行動をする児童の場面について，2 つの学習場面「授業中大声で話す」「グループ学習で自分の意見ばかり言う」，2 つの社会的場面「そうじの指示を守らない」「集会で列からはみ出してウロウロする」を提示しました。

　それに対して，4 つの寛容な見方　a．「なぜそうするのかを知りたい（興味）」，b．「仲良くできそう（自信）」，c．「みなと同じにした方がよい（規範・逆転項目）」，d．「理由があると思う（受容）」の 4 項目について，「とてもあてはまる」から「まったくあてはまらない」までの 5 件法によって，回答してもらいました。

表1　教室の向社会的目標構造の尺度項目

1. 先生は，困っている人に声をかけてあげるように，といいます
2. このクラスでは，相手の気持ちを考えることが大事にされています
3. このクラスでは，先生に質問したり相談したりすることははずかしいことではありません
4. 先生は，クラスでお互いの意見を大事にするように，といいます
5. このクラスでは，他の人を思いやることが大事にされています
6. このクラスでは，子どもどうしお互いに助け合うことが大事にされています
7. このクラスでは，他の人がいやだと思うことはしない，ということが大事にされています
8. 先生は，困ったときは先生にきくように，といいます
9. このクラスでは，クラスのいろいろな人と仲良くすることが大事にされています
10. このクラスでは，相手がいやな気持ちになる言葉は使わない，ということが大事にされています

　B．教室環境：学級の風土，雰囲気をとらえるために，「教室の向社会的目標構造」尺度を通じて，教室の思いやり志向性を評価しました。教室の目標構造とは，教室の雰囲気や風土を意味する概念です。大谷他（2016）を基に作成された10項目であり，教師の指導と教室の雰囲気が，思いやりを志向しているかどうかが問われています（表1）。

　C．共感性：多文化包摂コンピテンスを有する児童は，寛容性があり，他者に対する思いやりをもっているものと考えられます。そこで，村上・西村・櫻井（2014）による共感性の2側面，すなわち認知的共感性（視点取得：相手の立場に立って考えることができる程度），情動的共感性（他者のネガティブな感情に同情・共感できる程度）について，各4項目計8項目から回答してもらいました。

3．多文化包摂コンピテンス尺度の構成と発達的変化

1）多文化包摂コンピテンスの尺度構成

　まず，多文化包摂コンピテンス尺度が，想定されたまとまりをもったものであるかを調べるため，探索的な因子分析を用いて尺度構成を実施しました（表2）。その結果，想定していた興味，自信，規範，受容という4つのまとまりを示すことがわかりました。

　次に，学習場面2つと社会場面2つに関して，多文化包摂コンピテンスの下位尺度である，興味，自信，規範，受容の4つの項目の平均値と標準偏差

表2　各尺度の得点と相関係数

	M	(SD)	α	A	a	b	c	d	B
A. 多文化包摂コンピテンス（全体）	3.39	(0.74)	.87	—					
a. 興味	3.41	(1.23)	.86	.72**	—				
b. 自信	2.57	(1.09)	.92	.68**	.28**	—			
c. 規範	4.44	(0.95)	.93	.19**	-.18**	-.10	—		
d. 受容	3.16	(1.09)	.82	.80**	.53**	.45**	-.10	—	
B. 向社会的目標構造	4.27	(0.60)	.84	.13*	.24**	.21**	-.31**	.11	—
C. 共感性	4.26	(0.66)	.86	.28**	.35**	.25**	-.24**	.23**	.49**

$*P < .05, \quad **P < .01$

注）横列の A, a, b, c, d, B は，それぞれ尺度を意味する。

を算出しました。その結果，興味が平均値 3.41（標準偏差 1.23），自信が 2.57（1.09），規範が 4.44（0.95），そして受容が 3.16（1.09）という数値が示され，全体としては，自信ではやや得点が低く，規範では得点が高い傾向がみられました。また，各下位尺度が尺度として一貫性をもったものかを示す，内的整合性を示す α 係数は，それぞれ α = .86，.92，.93，.82 と高く，尺度として一貫したものであることがわかりました。

　多文化包摂コンピテンス尺度と共感性との間には，興味，自信，受容との間で r = .23 〜 .35 の正の相関があり，おおむね想定されていた関連がみられました。一方で規範との間には r = − .24 という負の相関となり，規範が概念的に他の下位尺度とはやや異なる性質である可能性も示唆されました。

　このような一部の課題も残されていますが，開発された多文化包摂コンピテンスの尺度は，一定の信頼性を有するものであるととらえられます。

2）多文化包摂コンピテンスの発達的変化
　さらに，学年ごとに多文化包摂コンピテンスの得点の変化があるかについて，学年を要因とした1要因4水準の分散分析を行い，検討しました（図1）。その結果，「多文化包摂コンピテンス」の下位尺度のうち，興味，受容は小学

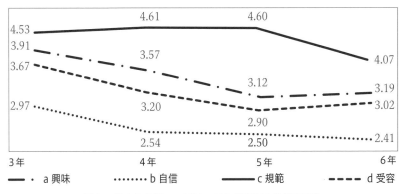

図 1　多文化包摂コンピテンスの各側面の発達的変化

3 年に比べ小学 5，6 年で有意に低下していました（$F(3, 264) = 5.65, F(3, 264) = 6.04$，ともに $p < .001$）。自信は 3 年に比べ 6 年が低く（$F(3, 264) = 3.08$，$p < .05$），規範は 3，4，5 年に比べ 6 年が低いことがわかりました（$F(3, 264) = 5.80$，$p < .001$）。規範の高さ，自信の低さという発達的傾向がみられました。

　全体として，発達的には，多文化包摂コンピテンスの興味，規範，受容において，中学年から高学年になると若干得点が低下する傾向がみられましたが，これは発達的に，自己への意識や評価がより厳密なものになるという傾向によるものと思われます。

4．教室の向社会的目標構造と子どもの多文化包摂コンピテンスとの関連

　次に，子どもの多文化包摂コンピテンスを支える教室の向社会的目標構造の役割について検討しました。表 2 に示したように，教室の向社会的目標構造は，多文化包摂コンピテンス全体，および各下位尺度との間に，有意な正の相関がみられました。

　つまり，教室の向社会的構造と子どもの多文化包摂コンピテンスとは，互いに一定の正の関連があることが示されました。また，教室の向社会的目標構造は共感性との間に $r = .49$ という有意な正の相関係数が見られました。これらのことから，教室の向社会的目標構造は，子どもの多文化包摂コンピテンス，そして共感性と積極的な関連があることが示唆されます。

　ただし，ここで注意しなければならない点があります。一般の児童，外国

ルーツの児童，そして特別支援対象児の，３つのグループに分けて，教室の向社会的目標構造の得点を算出し検討しました。その結果，児童の一般児童では平均 4.30（標準偏差 0.59），外国ルーツの児童では 4.04（0.91），そして特別支援対象児では 3.67（0.66）と，多様性をもつ児童では，クラスを思いやりのある環境だと認知する傾向がやや低いことがわかりました。一般児童，外国ルーツ児童，そして特別支援対象児童の児童の多様性による３群において，１要因の分散分析を行ったところ，一般児童に比べ特別支援児童では，有意に得点が低いことが見出されました（$F(2, 328) = 4.80, p < 0.01$）。

　ここから，同じ教室の環境で学ぶ児童でも，発達のニーズのある児童では，教室の風土を一般の児童とは異なったものに認識している可能性があることが示唆されます。発達のニーズをもつ児童にとって，教室がより思いやりのある，居心地のよい場所になるような，教師の工夫や働きかけが重要となるといえるでしょう。

　さらに，教室の向社会的目標構造が子どもの多文化包摂コンピテンスに与える影響について，共感性の媒介的役割に注目し，目標構造→共感性→多文化包摂コンピテンスというモデルを仮定した，構造方程式モデリングによるパス解析による検討を行いました。その結果，モデルの適合度はおおむね良好であり（$\chi^2(1)=0.58, p=.45$; CFI=1, RMSEA=.00, SRMR=.01），教室の向社会的目標構造が共感性を媒介し（$\beta = .48, p<.001$），多文化包摂コンピテンスに正の影響を与えている（$\beta =.28, p<.001$）という結果が示されました。教師の思いやりを価値づけ，子どもどうしの相互尊重を重視する働きかけが，子どもの共感性を高め，結果として，自分とは異なる他者を受け入れる力である多文化包摂コンピテンスの育成につながる可能性が示唆されたといえます。

IV　まとめにかえて
──多様な子どもが学ぶ包摂的な教室環境を考える

　グローバル化によって，日本で学ぶ児童生徒も多様化してきています。世界のさまざまな国から，さまざまな理由で来日してきた，数多くの児童生徒が，日本人の児童生徒と一緒に教室で学び，過ごしています。また，発達のニーズのある児童生徒など，発達面での多様性も近年拡大しています。さら

にはコロナ禍を経て，個々の子どもの事情を加味した学習の指導や運営がさらに重要な意味をもつ時代になりつつあるといえるのではないでしょうか。

　さまざまな特性，個性をもつ子どもたちが，同じクラスでよりよく学ぶためには，子ども同士がお互いを認め，受容することが大事です。本章で扱った「多文化包摂コンピテンス」の考え方は，子どもが自分とは異なる他者を受け入れる上で必要な態度や力を意味しています。

　そして，そのような他者を受け入れる力が育つ背景には，教室が思いやりのある場であることが重要でしょう。教室の思いやり風土をかたちにするひとつの見方である，教室の向社会的目標構造を高めることは，多様性のある子どもたちがお互いに認め合い，受容する関係性を支える働きをもつと考えられます。

　多様性は，日々多忙な教師からすると，ややもすれば「個別の事情を汲むことは忙しくて困難」「一斉指導ができず手間がかかる」などと負担感が先立つように思われるかもしれません。しかし，子どもの多様性をそれぞれの強みとして認識し，子ども同士が，お互いの強みや個性を認め合うことで，学級はいきいきと輝きだすのではないでしょうか。外国ルーツの児童，そして特別支援対象児童の，その子たちのもつ強みを発見し，活躍の場を提供できるなら，多様性という違いが，学級全体の力に成長していくでしょう。

　付　　記
本研究の成果の一部は，『日本生命財団 2020 年度児童 少年の健全育成助成（実践的研究助成）』および科研費補助金（基盤研究（B），No.22H01080）による助成を受けました。

　文　　献
Brenick, A., Lawrence, S. E., Carvalheiro, D. & Berger, R. (2019). Teaching tolerance or acting tolerant? Evaluating skills- and contact-based prejudice reduction interventions among Palestinian-Israeli and Jewish-Israeli youth. Journal of School Psychology, 75, 8–26.
長谷川真里（2014）他者の多様性への寛容―児童と青年における他者からの排除についての判断．教育心理学研究，62(1); 13-23.
長谷川真里（2014）信念の多様性についての子どもの理解―相対主義，寛容性，心の理論からの検討．発達心理学研究，25(4); 345-355.
伊藤亜矢子・宇佐美慧（2017）新版中学生用学級風土尺度 (Classroom Climate Inventory; CCI) の作成．教育心理学研究，65(1); 91-105.
文部科学省（2020a）日本語指導が必要な児童生徒の受入状況等に関する調査（平成 30 年度）の結果について．https://www.mext.go.jp/content/20200110_mxt-

kyousei01-1421569_00001_02.pdf

文部科学省（2020b）令和元年度　通級による指導実施調査結果について．https://www.
　　mext.go.jp/content/20200317-mxt_tokubetu01-000005538-02.pdf

村上達也・西村多久磨・櫻井茂男（2014）小中学生における共感性と向社会的行動および
　　攻撃行動の関連―子ども用認知・感情共感性尺度の信頼性・妥当性の検討．発達心理
　　学研究，25(4); 399-411.

OECD（2020）Education and COVID-19: Focusing on the long-term impact of school
　　closures. https://www.oecd.org/coronavirus/policy-responses/education-and-
　　covid-19-focusing-on-the-long-term-impact-of-school-closures-2cea926e/

小貫悟・桂聖（2014）授業のユニバーサルデザイン入門―どの子も楽しく「わかる・でき
　　る」授業のつくり方．東洋館出版社．

大谷和大・岡田涼・中谷素之・伊藤崇達（2016）学級における社会的目標構造と学習動
　　機づけの関連―友人との相互学習を媒介したモデルの検討．教育心理学研究，64(4)，
　　477-491.

志水宏吉・清水睦美編（2001）ニューカマーと教育―学校文化とエスニシティの葛藤をめ
　　ぐって．明石書店．

第 12 章

フィンランドに住む外国にルーツを
もつ子どもたちと学校生活

──現地調査から

坪井裕子・松本真理子

I　はじめに

　私たちの研究グループでは，2003 年以来日本とフィンランドの子どもたちのウェルビーイングと学校環境について共同研究を行っており，これまでに何度かフィンランドの学校や子どもを取り巻く環境について現地調査を行ってきました。その中で，2016 年の夏には，フィンランドにおける外国にルーツのある児童生徒の教育を中心に調査を行いました。本章では，現地調査や関係者へのインタビューの結果を中心に紹介したいと思います。なお最近のフィンランド事情は，次の現地報告をご覧ください。

II　フィンランド在住日本人心理学者へのインタビュー

　私たちのフィンランドに関する研究の協力者であり，フィンランド在住の日本人心理学者である竹形理佳先生（本書の執筆者でもあります）に外国にルーツをもつ子どもたちの教育を中心にインタビューを行いました。

1．フィンランド教育文化省の資料（Finnish National Agency for Education, 2016）に基づいて

　2015 年にフィンランド全体で難民申請した人は約 32,400 人，そのうち認められたのは 35％ほどで，約 1 万人です。このように世界的に難民・移民（以下，移民と表記）が増えている現状があります。フィンランドでは，約 10 年ごとに学習指導要領が改編されており，最近では 2016 年 8 月に義務教育のカリキュラムが変更されました。新しいカリキュラムでは，以前よりも

移民がよりよい基本的教育を受けられるように強調されています。子ども自身の基礎教育や準備教育に加え，児童生徒の健康やトラウマやクライシスを体験した子どもおよび青年の指導を行う教育スタッフのための訓練や支援教材も必要です。

　フィンランドでは，大人の移民のためのコースとして，"Integration Training"（統合トレーニング）というものを自治体が用意しないといけないことになっています。一日５時間，週５日間，合計２年間，無料で授業が受けられます。内容としては，言語教育，フィンランド文化，勤労生活，そして教育の機会についてなどが挙げられています。フィンランド語が上達してくると，２年たたなくても職業訓練コースに移行する人もいます。

　移民の子どもには,"Preparatory Education"（準備教育）が用意されています。通常のクラスに入る前の準備のための教育です。ここでは，フィンランド語と算数教育が主に行われています。ちなみに，フィンランド語またはスウェーデン語を第２言語とする子どもに教えるためには「国語」の免許が必要で，さらにプラス数単位をとる必要があります。トゥルク（Turku）大学にはそのコースがあります。

　中学卒業後は，高校か職業学校に進学する，あるいは１年間の準備クラス（補習するところ）に行くこともできます。フィンランドは大学まで授業料は無償なのですが，大学については，2017年よりEU以外から来た生徒は授業料が必要になりました。

　フィンランドにおける外国語教育について，高校で学習する第１外国語は基本的には英語ですが，第２外国語は学校によって異なります。例えば，ドイツ語，フランス語，大学付属の高校ではロシア語なども選択できます。外国語はＡレベル（上級:小学校から始める言語）とＢ２，Ｂ３レベル（中級・初級:中学，高校で始める言語）に分かれています。一般的な公立高校では，英語（インタビュー当時は小３から始めていた第１外国語）とドイツ語（小４から始める第２外国語）の選択が多いそうです。もし日本語を勉強したい場合は，夜間高校に日本語の講師がいるのでそこに行くといった集約化も行なわれています。アラビア語も人気があるとのことでした。

　未就学の子どもは早めに保育園に入ることが望ましいのですが，親が働いていなかったり，経済的な問題があったりして入園できない人もいます。また，宗教や文化によっては女性が外に出ることが難しい場合もあり，母親が

フィンランド語を話せないという問題も出てくるとのことでした。国の基本的な考えとして，移民の背景をもつ教師の採用は増やすべきであるという方針とのことでした。

2．現地調査を実施した地域について

筆者らが現地調査を実施した地区には小学校が3校あります。この地域は移民が多いため，自治体もスポーツクラブ（例：サッカー）などをつくって活動をすすめていました。この地域に移民が多い理由として，市の郊外で家賃の安い団地（市営住宅：移民が優先的に入居できる）があることによります。以前から外国人が団地に住んでおり，そこを頼ってさらに外国から人が来るとのことで，この現象自体は日本も同様と思われます。移民が増えることにより住宅価値が下がるため，フィンランド人がこの地域から離れていくという問題が生じており，やはり日本の事情と同様の課題を抱えていました。この地区にはイラン，イラク，シリア，トルコなどからのクルド人の移民が多く在住しています。

トゥルク市の移民受入センターは常設で1カ所ありますが，2015年にはシリア内戦が激化し移民が多かったため，臨時で受付所の数を増やしました。フィンランド語の指導が必要（Finnish as a Second Language（FSL）＝フィンランド語が第2外国語）な子は，2012年に4.8％（義務教育のみ：1〜9年生）でしたが，その後も増加傾向にあります（ちなみに2021年度の統計では7.5％です）。移民の子どもたちには1年間の準備教育をするために時限立法で予算をつけることになり，これは自治体が教育体制をつくることになっているものの，制度自体は任意とされており，義務ではないとのことでした。フィンランドの公用語はフィンランド語とスウェーデン語ですが，小学校6年生からスウェーデン語は必修です。また，「宗教」と「倫理」の授業も必修です。フィンランドではプロテスタントが多いのですが，「宗教」では他の宗教と文化に対する知識や理解を深めることが目的とのことでした。

竹形先生のインタビューからは，フィンランドにおいては外国にルーツをもつ子どもたちに対しても，母国の文化を尊重しつつ，学習上の支援やフィンランド語に限らず母語教育および外国語教育に力を入れると同時に，心のケアに対する支援も充実していることが明らかになり，国全体で子どもたちを心身とも健康に育てようとする意識の高さを実感しました。

III　フィンランドの学校における 外国にルーツのある子どもたちへの教育

1．授業見学（1年生，2年生，6年生）

　見学した学校は大学付属の小学校で，外国ルーツの児童を多く受け入れ，多言語・多文化教育を推進しているところでした。教科を教える言語として，英語を20～25％使用するというルールのクラスがあることがこの学校の特徴だそうです。どの教科を教えるのかは自由とのことでした。子どものルーツは30カ国ぐらい，そのうちクルド語を母語とする子どもは約50名在籍していました。全校生徒の65％が外国ルーツの児童で，そのうち約20％が特別な支援が必要な児童でした。

　小学校の新学期は8月中旬から始まったところでした。筆者らは1年生，2年生，6年生のクラスで授業見学を行いました。

1）1年生のクラス

　20人のクラスで，教師1人と，途中まで補助教師（TA；ティーチングアシスタント）が1人ついていました。授業のうち25％は英語で教えることになっているとのことで，この日の授業は英語が中心でした。このクラスには，ちょうどイランからの移民の男の子が新しく入って来たところでした。またこの日，たまたま遅刻してきた子どもが3人いました。遅刻したときに何と言えば良いのかを皆に教えるために，英語で「I'm sorry, I'm late」と言って入室することを指導していました。また新しく転校した移民児童のために，クラスの「4つの原則」を教えていました。その4つとは，①環境の安全（自由に表現してお互いに尊重されること），②互いに交流する（リラックスできて，ハッピーなこと），③学習スキルのサポート（いろいろなやり方がある），④責任・義務（静かにすること，宿題をすることなど）でした。

　授業は英語の「Good Morning」の歌から始まり，「今日は何月何日何曜日」「天気は？」などという基本事項を英語で答えさせていました。授業内容は交通安全に関するもので，道路標識を示して，その意味を子どもたちが英語で発表するというものでした。先生は注意深く子どもたちを観察しつつ，落ち着きのない子や恥ずかしがり屋の子をあてて答えさせ，ほめる（親指を

小学校1年生のクラス，交通標識をフィンランド語と英語で指導

立てて good のサインを見せる）指導をしていました。こうした子どもたちの「良いところをほめる，自尊感情を育てる」教育は，フィンランドの多くの学校で観察されてきたことです。最後に，まとめとして，交通標識を英語とフィンランド語で説明して終了しました。教師の話によると，クラスにはフィンランド語，英語のどちらも理解できない児童もいるそうですが，まだ1年生なので，シンプルで簡単な言葉で指導していくと，半年後には全員がフィンランド語を読めるようになるとのことでした。

2）2年生のクラス

　見学したのは児童数 19 人のクラスで，そのうち4人は両親ともフィンランド人ですが，15 人は片方の親のみがフィンランド人でした。TA が1人ついていました。TA はハンガリー人で，ハンガリーの大学を卒業後，今はフィンランドで教師になるために実習中でした。このクラスは芸術（美術，音楽，体育）に力を入れており，教室にはりんごの版画が掲示され，博物館などへも見学に行くそうです。

　授業はフィンランド語でしたが，最初に児童が関係する各国の国旗をみせて，その国の挨拶の言葉（「おはようございます」など）を全員が順に当該児童の母語で言う時間が日本には見られない光景でした。スウェーデン，イギリス，ベトナム，アルバニア，ボスニア，その他いろいろな国が取り上げられており，その国に関係する子どもは自分の母国の挨拶を母語で紹介するときに嬉しそうな表情をするのがとても印象的でした。そのあと，5分間くらいテープで物語を聞き，サイコロをふって出た目の数の文節の語を探して書くという課題に取り組み，最後はペアになってお互いに助け合って取り組ん

小学校 2 年生のクラス，外国にルーツをもつ児童が多い

でいました。

3）6 年生のクラス

　このクラスは生徒が 20 人，そのうち 6 人はフィンランド以外の出身とのことでした。このクラスの授業の 25％は英語で行なうとのことでした。算数の時間で，全員がタブレット型パソコンを用いての授業でした。小学校 2 年生からパソコンやタブレットを使うそうで，6 年生になると全教科でパソコンやタブレットを使うそうです。計算問題では，英語で画面上に問題が示されて，それに解答し正解すると，レベルが上がっていくというゲーム形式のものを行っていました。別の課題では，図形問題で，同じ形のブロックを探してマッチングさせるというものがありました。他にも，アルゴリズムの課題では，パンケーキのつくり方のレシピ（指示）の組み立てをしている子がいました。こちらはフィンランド語での課題でした。各自がそれぞれの課題を行ない，教師はそれをモニターで確認していました。できないところや，わからないところがあると，子どもたちは手を挙げて教師に教えてもらっていました。レベルが 3 段階あるそうで，本人のレベルに合わせたところを何回も練習するそうです。また学校でできなかったところは家に持ち帰り，宿題になるとのことでした。

2．外国人教師による話

　この学校で児童の母語の教師をしているイラン出身のクルド人から外国にルーツのある子どもの教育についてインタビューを行いました。彼は 20 年ほど前にフィンランドへ移住し，2 年間苦労してフィンランド語を習得し，

小学校6年生のパソコンを用いた算数のクラス
フィンランドに移住して初めてパソコン授業を受ける外国人児童も多い

大学で修士号を取り，クルド語の教師になりました。現在は，トゥルク大学の職員（常勤）で，トゥルク市内の5校を巡回指導しています。市内には移民の子どもで特別な支援（言語面，特にクルド語）の必要な子どもが25人いて，そのうち3人がこの学校にいます。

準備教育では決まった教え方があり，年度途中で移民の子どもが来たときには，フィンランド語（FSL教育）と算数を準備教育クラスで教えています。多言語・多文化が日常的な環境にあるので，それによるいじめはないそうです。

子どもの両親との関係について尋ねたところ，関係は密にとる必要があり，両親に学校システムから文化のことなども教えているそうです。クルド語を話す親のグループで年2回の懇談会を行ったりしているそうです。また，保護者の方に，母語の話や以前の仕事の話をしてもらったり，ある保護者には学校所有の自転車のタイヤ修理をしてもらうなどして，学校との関係を持ち続けることが重要だと教師は述べていました。

3．スクールサイコロジストへのインタビュー

同じ地区の別の公立学校に勤めるスクールサイコロジストにもインタビューしました。ここでいうスクールサイコロジストは，日本でいうスクールカウンセラーのような仕事をされています。

勤務形態は，市の雇用による常勤職で，週の1.5日はこの学校，残りの3.5日は別の学校に勤務しています。この学校は全校生徒（1〜6年生）が154人，そのうち半数以上が1，2年生です。担当するもう1校は，全校生徒が650人（1〜9年生）とのことでした。今の担当児童数は約800人ですが，

1,000 人くらい担当しているサイコロジストもいるとのことです。

　この学校の 154 名のうち，1，2 年生は 2 クラス，3 〜 6 年生は 1 クラスで，50％以上は移民で，14 カ国からきています。言語はクルド語，アラビア語，アルバニア語，ソマリ語，ファルシ語（イランを中心に話されている言語），ロシア語，エストニア語などです。現在 2 校担当ですが，地方では 7 校程度担当することもあるとのことでした。トゥルク市内にはこの地域を含め，3 カ所の移民の集住地域があるそうです。移民の出産も増加しており，この地域も移民が増加する一方で，フィンランド人が減少する傾向にあるそうです。

　この学校における移民児童への支援についてお聴きしたところ，移民には準備教育クラスがあり，半年〜 1 年間のフィンランド語指導がされていますが，スクールサイコロジストが準備教育の効果を評価するそうです。母国で学校教育を受けていれば，原則，当該学年に入れますが，学校に行っていない児童は下の学年に入れることもあります。移民の子どもには個別の教育計画を立てます。紛争地域から来た子の中には，爆撃によるトラウマの問題を抱えている子どももいて，対応が難しいとのことでした。

　フィンランドでは，母国語を尊重するという方針であり，同じ母国語の子どもが 4 名いれば 1 名の母国語教師をつけることとなっています。その教師が母国語で教科授業をする場合もあります。また，スクールサイコロジストの他に，この学校には教育支援員（教員免許はもっていない方）が 3 名います。ほかにも，地域のボランティアの「おじいさん」，「おばあさん」がおり，たまに研修生も支援に加わるそうです。身体的に支援が必要な子どもにはボランティアがつきやすいものですが，心理的な支援の必要な子にはボランティアはつかないことが多い（わかりにくいため）そうです。それでも，サイコロジストの責任として，支援の必要な子どものことは校長に報告し相談します。

　スクールサイコロジストの仕事として，予防教育が大切だと思っているが，多忙のため 7 年生（日本の中学 1 年生相当）にだけ「問題防止プログラム」を行なっているそうです。

　担任から子どもの学習能力の相談などを受けた場合は，特別支援が必要かどうか等を検討するためにアセスメントの検査を実施することもあります。検査としては，WISC™- IV知能検査，NEPSY®（Neuropsychological

Assessment），言語学習能力診断検査，語彙テスト等を用いているそうです。また，情緒の問題の検査としては，ロールシャッハ・テスト，描画テスト，SCT（Sentence Completion Tests：文章完成法），CAT（Children's Apperception Test：幼児・児童絵画統覚検査），CDI（Children's Depression Inventory：小児抑うつ尺度）や BDI（Beck Depression Inventory：ベック抑うつ質問票），不安テスト等を用いているとのことでした。問題が深刻な場合には児童精神科に紹介します。スクールサイコロジスト自身が，学校内で週1回面談する場合もありますが，基本的には児童精神科に治療を依頼するそうです。また家族の問題がある場合，Family Support Center（家族支援センター）に紹介することもありますが，家族がそれを拒否することもあります。

　トラウマのあることが準備教育クラスでわかった場合，サイコロジスト自身が支援することもあるものの，家族にもトラウマがあることが多いので，家族支援センターか病院に紹介することもあります。残念ながらトラウマ支援のできるところが少ないとのことでした。

　移民は週6時間，校内での支援を受けることのできる時間がとれることになっており，少人数グループでの関わりをすることが可能です。また同じ宗教の子どもが4人以上いる場合には，該当する宗教教育も受けられるそうです。ただし，移民の母国によっては「サイコロジスト」という言葉や概念のないところもあり，その場合には業務内容の説明に困ることもあるとのことでした。

　なお，サイコロジストは学校の職員ではなくて，市の職員なので，仕事は独立性が保障されているそうです。サイコロジストが対応している児童について校長は原則知らないとのことで，知っているのは担任と家族ですが，紹介先などは担任も知らないこともあるそうです。学習に関する問題は学校と共有する必要がありますが，守秘義務の関係で，保護者からの同意がない場合は，担任にも伝えられないとのことでした。

　最後に，「外国人児童は学校生活に満足しているようですか？」と質問してみたところ，もちろん，言語の問題がある児童もいますが，多くの児童は慣れてきているし，楽しんでいると思う，と自信をもって語られたのが印象的でした。

Ⅳ　まとめ

　フィンランドで移民に関する法律ができたのは，1999 年で，当時より移民である彼ら自身の言語や文化を尊重するという基本的理念がありました。教育の現場でもそれが今なお実践されており，理念に基づく，より良い教育を目指そうとする学校および教職員の姿勢に触れることができました。

　一方で，移民の増加による社会全体が抱えている課題があることも垣間見ることができました。それでもなお印象的であったのは，それぞれの母国の言語や文化を大切にするという基本的な揺るぎない方針です。その根底には，お互いの言語，文化，宗教等を尊重するという理念が国全体に徹底されているように思われました。小学校 1 年生の授業で，児童に対して原則の 1 番目に，「お互いに尊重されること」を指導していたことに象徴されていると思います。これは日本でも，見習うべきことだと感じました。

　文　　献

Finnish National Agency for Education(2016)New National Core Curriculum for Basic Education: Focus on School Culture and Integrative Approach. https://www.oph.fi/sites/default/files/documents/new-national-core-curriculum-for-basic-education.pdf（2022.8.22 アクセス）

コロナ禍におけるフィンランドの外国にルーツをもつ児童の学校生活と日常

竹形理佳

　フィンランドの都市部では，外国にルーツをもつ，あるいは「学校教育で使用される言語[注1]以外を母語とする」児童は年々増加し，首都ヘルシンキでは，小中学校の児童の2割強を占めています。同じ市内でも学校間で差が大きく，私が住むフィンランド南西部のトゥルク市でも，8割近い学校もあれば，1割以下のところもあります。児童は，フィンランド語を第2言語として学べるだけではなく，教科内容の理解を促すために，授業の一部をフィンランド語の代わりに母語で受けることもできます[注2]。また，希望すれば，週に1度，母語の教育も受けることができます。そのため，外国にルーツをもつ教員も時間講師として児童の教育に携わっています。

　2020年3月から始まったコロナ禍で，外国にルーツをもつ子どもたちはさまざまな点で不利な状況に置かれました。必要なサポートが十分に受けられなかったばかりではなく，移民を背景とする住民が集中する地域では児童の感染率も高く，3月から5月の全国一斉の遠隔教育期間後も，たびたび遠隔教育になりました。また，フィンランドは，OECD国の中でも，学校教育で使われる言語を家庭で話す割合が少ない国の一つ（OECD, 2020）で，移民を背景とする家庭の児童では，遠隔教育期間中にフィンランド語のスキル

注1）フィンランドの基本教育法（Perusopetuslaki 628/1998）では，「学校で教育に用いる言語は，フィンランド語かスウェーデン語である。サーメ語，ロマ語，手話も用いることができる」とされています。本章では，簡略化のため，フィンランド語について述べます。

注2）基本教育法で，「教育の一部は，児童が教育についていく可能性を妨げないなら，授業の一部を児童の母語で行なうことができる」とされていますが，全ての学校で，あるいは全ての言語で提供されているわけではありません。

が低下することが多かったといわれています。一斉の遠隔教育期間でも，プレスクールと1〜3年生に加えて，基礎教育に参加するために必要な言語スキルが不足している児童に向けたクラスである準備学級および特別な支援が必要な児童の教育は，対面教育が維持されました。しかしながら，実際に対面教育に参加したかどうかは別で，知人のイラク出身の母親は，当時のことを「情報が少なくて状況が分からず，怖くて子ども（プレスクールと2年生）と家にいた」と話しました。

　コロナ禍で移民を背景とする家庭が不利とされる点（OECD, 2020）のうち，保護者の失業による貧困，保護者がソーシャルディスタンスの取れない仕事に従事している，狭い住居などは，社会的・経済的に弱い立場にあるフィンランド人の家庭と共通しています。大きな違いは，保護者がフィンランドの学校教育で使われる言語で子どもの学習と日常を支えられるか否かです。遠隔教育では，保護者が児童の学習をサポートする必要性が増大したので，保護者のフィンランド語スキルや教育背景によっては，家庭で子どもの学習のサポートをできないこともあります。実際に我が家でも，子どもに問題の解き方を日本語で説明しても，フィンランド語の用語を使って説明されないと理解できない，と言われます。移民を背景とする住人が多い地域では，普段はNPOが図書館やコミュニティセンターで児童の学習をサポートする活動をしているのですが，2020年前半は，施設が閉鎖か使用制限されていましたので，子どもたちは外部のサポートも受けられませんでした。

　2020年春は混乱の時期で，対面教育に戻った2週間の間も，第2言語としてのフィンランド語の授業が行われない学校もありました。第2言語としてのフィンランド語を教える教師は複数の学校を受け持つことも多く，特別な時間割が用いられる期間には，授業がうまく組めないこともあるからです。2020年の秋学期には対面教育で始まり，外国にルーツをもつ子どもたちの言語と学習に関するサポート体制もほぼ通常に戻りました。また，児童の学習とウェルビーイングに配慮する政策がとられ，感染防止の制限下でも15歳以下のスポーツ，文化活動は可能となり，外国にルーツをもつ児童の学習や趣味に関するサポート活動も復活しました。

　保護者のフィンランド語のスキルは，学校と家庭の連携と児童のウェルビーイングの維持という点でも鍵になりました。社会保健省のワーキング

グループの報告書（Sosiaali- ja terveysministeriön asettama työryhmä, 2020）によると，家庭と学校をつなぐWilma（電子システム）に届いたメッセージを理解できなかったため，家計が苦しいのにも関わらず，遠隔教育期間に支給された給食を利用できなかった家庭もありました。また，遠隔教育に関するガイドがさまざまな言語で作成され，配布されたものの，保護者が遠隔教育という概念になじめず，子どもの生活リズムの乱れを放置した家庭や，児童が遠隔教育に全く参加しない上に教師が児童や保護者と連絡がとれず，学校がやむを得ず児童保護機関に通報したケースもありました。保護者と担任教師の間に共通の言語がない場合には，母語の教育の教師が間に立って，保護者や子どもと連絡を取る補助をする場合もありました（Oman äidinkielen opettajat ry, 2020）。

　2022年4月時点では，学校を含めマスクの使用推奨も感染防止のための諸制限も解除され，ほぼコロナ以前の生活に戻っています。国が2020年春の遠隔教育期間の負の影響を補償すべく2020年と2021年に出した補助金で，外国にルーツをもつ子どもたちへのサポートも強化されました。例えばトゥルク市では，補助金によって，第2言語としてのフィンランド語の教育を担う教員，特別支援教員，学習支援員を増員し，従来から行われていたフィンランド語のスキルと学力を向上させるための体制をさらに強化しました（Turun Kaupunki, 2021）。一方で，コロナ禍が児童に与えた長期的な影響は未知数です。コロナ禍以前から，外国にルーツをもつ児童は，学校教育を最初からフィンランド語で受けている二世ですら，フィンランド人児童に比較して平均で読み書き，数学に遅れがあります（Bernelius & Huilla, 2021）。コロナ禍で拡大した格差を，時限付きの補助金でどの程度まで補償できるのか，外国にルーツをもつ児童が特定の地域に集中し，学校間格差が開いていく中で，教育の結果の平等をどのように達成するのか（Bernelius & Huilla, 2021）など，対応すべき課題は数多く残っています。

　　文　　　献
Bernelius, V. & Huilla, H. (2021) Koulutuksellinen tasa-arvo, alueellinen ja sosiaalinen eriytyminen ja myönteisen erityiskohtelun mahdollisuudet. Retrieved from https://julkaisut.valtioneuvosto.fi/handle/10024/162857
OECD（2020）What is the impact of the COVID-19 pandemic on immigrants and their children? In: OECD Policy Responses to Coronavirus (COVID-19). Paris:

OECD Publishing. Retrieved from https://www.oecd.org/coronavirus/policy-responses/what-is-the-impact-of-the-covid-19-pandemic-on-immigrants-and-their-children-e7cbb7de/

Oman äidinkielen opettajat ry (2020) Koronakevät oman äidinkielen opetuksessa. Retrieved from https://www.ok-opet.fi/wp-content/uploads/2020/08/Poikkeu sajan_opetus_raportti2020.pdf

Perusopetuslaki 628/1998. Retrieved from https://www.finlex.fi/fi/laki/ajantasa/1998/19980628

Sosiaali- ja terveysministeriön asettama työryhmä (2020) Lasten ja nuorten hyvinvointi koronakriisin jälkihoidossa. Valtioneuvoston julkaisuja 2020:21. Retrieved from http://urn.fi/URN:ISBN:978-952-287-883-0

Turun Kaupunki (2021) Turkulaisille lapsille ja nuorille mittavaa tukea. Retrieved May 15, 2022, from https://www.turku.fi/koronarahoitus-kouluissa

日本に住む外国にルーツをもつ子どもたちの未来に向けて
——あとがきにかえて

「はじめに」でも述べましたが，本書の刊行は日本に住む外国にルーツをもつ子どもたちのウェルビーイングを考える心理学を基盤とした図書が乏しい現状であったことに端を発しています。

心の専門家として学校現場で外国にルーツをもつ子どもたちとかかわる機会が多い筆者らには，「今ここに」日本という国で生きている彼らにとって，未来に繋がる幸福を支えることがもっと大切にされてもよいのではないか，という思いが強くあります。

そうした筆者らの思いが，読者皆様と本書を通して共有できたならこれ以上の喜びはありません。そして彼らの未来を共に支える仲間として心強い限りです。本書は，こうした思いを共有する多くの国内外の皆様の支えあってのものです。謝辞につきましては，各章の章末で記載させていただきましたが，ここで改めて，本書の調査研究や支援実践にご協力いただいた皆様に深く感謝申し上げます。

また本書で紹介した調査研究の一部は，JSPS（日本学術振興会）科研の助成（16K04352 研究代表松本真理子，25870100・17K04466 研究代表島田直子，20K14219 研究代表野村あすか）によるものです。記して深く感謝申し上げます。

最後に，外国にルーツをもつ子どもたちのウェルビーイング向上への思いが読者皆様に伝わるべく，惜しみなくご協力くださいました遠見書房の山内俊介社長には改めて心より感謝申し上げます。

彼らの学校生活と未来の幸せを筆者一同，心より願うと同時に，これからも心の専門家として彼らの歩みを支えていきたいと思っております。

令和5年　冬

筆者一同

索　引

執筆者一覧：50 音順

飯田　順子（いいだじゅんこ・筑波大学人間系心理学域・附属学校教育局）

岡安　朋子（おかやすともこ・東洋大学社会学部社会福祉学科）

島田　直子（しまだなおこ・立正大学心理学研究所）

鈴木　伸子（すずきのぶこ・愛知教育大学教育科学系心理講座）

竹形　理佳（たけがたりか・フィンランド・トゥルク市）

坪井　裕子（つぼいひろこ・名古屋市立大学大学院人間文化研究科）

中谷　素之（なかやもとゆき・名古屋大学大学院教育発達科学研究科）

二宮　有輝（にのみやゆうき・人間環境大学心理学部心理学科）

野村あすか（のむらあすか・名古屋大学心の発達支援研究実践センター）＊

松本真理子（まつもとまりこ・名古屋大学名誉教授）＊

森田美弥子（もりたみやこ・中部大学人文学部心理学科，名古屋大学名誉教授）

＊編者

編著者略歴

松本真理子　（まつもと・まりこ）静岡県生まれ，名古屋大学名誉教授，博士（心理学），公認心理師・臨床心理士・学校心理士
　　主な著書『心とかかわる臨床心理　[第3版]—基礎・実際・方法』（共著，ナカニシヤ出版，2015），『心の発達支援シリーズ4　小学生・中学生　情緒と自己理解の育ちを支える』（シリーズ監修・編著，明石書店，2016），『災害に備える心理教育—今日からはじめる心の減災』（編著，ミネルヴァ書房，2016），『日本とフィンランドにおける子どものウェルビーイングへの多面的アプローチ—子どもの幸福を考える』（編著，明石書店，2017），『公認心理師基礎用語集　増補第3版』（編著，遠見書房，2022）ほか多数

野村あすか　（のむら・あすか）愛知県生まれ，名古屋大学心の発達支援研究実践センター准教授，博士（心理学）。公認心理師・臨床心理士。
　　主な著書『福祉心理臨床実践　心の専門家講座⑨—「つながり」の中で「くらし」「いのち」を支える』（編著，ナカニシヤ出版，2021），『学校心理臨床実践　心の専門家講座⑦』（分担執筆，ナカニシヤ出版），『日本とフィンランドにおける子どものウェルビーイングへの多面的アプローチ—子どもの幸福を考える』（分担執筆，明石書店，2017），『災害に備える心理教育—今日からはじめる心の減災』（分担執筆，ミネルヴァ書房，2016）ほか

ブックレット：子どもの心と学校臨床（8）

外国にルーツをもつ子どもたちの学校生活とウェルビーイング

児童生徒・教職員・家族を支える心理学

2023年3月1日　第1刷

編　著　者　松本真理子・野村あすか
発　行　人　山内俊介
発　行　所　遠見書房

〒181-0001 東京都三鷹市井の頭 2-28-16
TEL 0422-26-6711 FAX 050-3488-3894
tomi@tomishobo.com　https://tomishobo.com
遠見書房の書店　https://tomishobo.stores.jp

印刷・製本　モリモト印刷

ISBN978-4-86616-164-8　C3011

※心と社会の学術出版　遠見書房の本※

遠見書房

ブックレット：子どもの心と学校臨床
Booklet: Child and School Community-Clinical Psychology

学校と子どもにかかわる，こころの問題，家族の問題，社会の問題などさまざまな視点から描くブックレット・シリーズがスタートしています。
学校の教職員，スクールカウンセラー，研究者必読！

教師・SC のための学校で役立つ保護者面接のコツ
「話力」をいかした指導・相談・カウンセリング
　　　　　　　　　　　　　　　（SC・話力総合研究所）田村　聡著
ブックレット：子どもの心と学校臨床（3）学校で多くのカウンセリグやコンサルテーションを行ってきた著者が，保護者対応に悩む教師と SC に保護者面接のコツを紹介！ 1,760 円，A5 並（109-9）

学校では教えないスクールカウンセラーの業務マニュアル
心理支援を支える表に出ない仕事のノウハウ
　　　　　　　　　　　　（SC ／しらかば心理相談室）田多井正彦著
ブックレット：子どもの心と学校臨床（4）　SC の仕事が捗る 1 冊。表に出ない裏の仕事をじっくり解説。「SC だより」や研修会等で使えるイラスト 198 点つき（ダウンロード可）。2,200 円, A5 並（132-7）

学校で使えるアセスメント入門
スクールカウンセリング・特別支援に活かす臨床・支援のヒント
　　　　　　　　　　　　　　　　（聖学院大学教授）伊藤亜矢子編
ブックレット：子どもの心と学校臨床（5）児童生徒本人から学級，学校，家族，地域までさまざまな次元と方法で理解ができるアセスメントの知見と技術が満載の 1 冊。1,760 円，A5 並（149-5）

ポリヴェーガル理論で実践する子ども支援
今日から保護者・教師・養護教諭・SC がとりくめること
　　　　　　　　　　　　（いとう発達・心理相談室）伊藤二三郎著
ブックレット：子どもの心と学校臨床（6）ポリヴェーガル理論で家庭や学校で健やかにすごそう！　教室やスクールカウンセリングで，ノウハウ満載の役立つ 1 冊です。1,980 円，A5 並（154-9）

よくわかる 学校で役立つ子どもの認知行動療法
理論と実践をむすぶ
　　　　　　　　　　　　　（スクールカウンセラー）松丸未来著
ブックレット：子どもの心と学校臨床（7）子どもの認知行動療法を動機づけ，ケース・フォーミュレーション，心理教育，介入方法などに分け，実践的にわかりやすく伝えます。1,870 円, A5 並（161-7）

価格は税込です

※心と社会の学術出版　遠見書房の本※

遠見書房

混合研究法の手引き
トレジャーハントで学ぶ
研究デザインから論文の書き方まで
　　　　マイク・フェターズ／抱井尚子編
優れた研究論文を 10 のポイントを押さ
えて読み解くことで，混合研究法を行う
ためのノウハウがよく分かる。宝探し感
覚で学べる入門書。2,860 円，B5 並

文化・芸術の精神分析
　　　　　　祖父江典人・細澤　仁 編
本書は，人間を人間たらしめる文化・芸
術に精神分析の立場から迫ったもので，
北山修をはじめ多くの臨床家が原稿を寄
せた。映画や文学，音楽，美術から，フ
ロイトの骨とう品集めまで，精神分析の
世界を拡張する。3,300 円，A5 並

サイコセラピーは統合を希求する
生活の場という舞台での対人サービス
　　　　　（帝京大学教授）元永拓郎著
著者の実践的臨床論。「密室」だけでは
なくなった心理臨床で，セラピストが目
指すべきサイコセラピーのあり方を「統
合」に見出す。心理療法／心理支援のあ
り方を問う必読書。3,080 円，A5 並

超かんたん 自分でできる
人生の流れを変えるちょっと不思議な
サイコセラピー──Ｐ循環の理論と方法
　　　　　（龍谷大学教授）東　豊 著
心理カウンセラーとして 40 年以上の経
験を持つ東先生が書いた，世界一かんた
んな自分でできるサイコセラピー（心理
療法）の本。1,870 円，四六並

法律家必携！　イライラ多めの依頼者・
相談者とのコミュニケーション
「プラスに転じる」高葛藤のお客様への対応マニュアル
　　　土井浩之・大久保さやか編／若島孔文監修
法律相談にくる依頼者はストレス MAX。
そんな「高葛藤」の依頼者との付き合い
方をベテラン弁護士と心理師，精神科医
が伝授。1,980 円，A5 並

一人で学べる認知療法・マインドフルネス・
潜在的価値抽出法ワークブック
生きづらさから豊かさをつむぎだす作法
　　　　（鳥取大学医学部教授）竹田伸也著
認知行動療法のさまざまな技法をもとに
生きづらさから豊かさをつむぎだすこと
を目指したワークを楽しくわかりやすく
一人で学べる 1 冊。1,320 円，B5 並

『認知療法・マインドフルネス・潜在的価値抽
出法ワークブック』セラピスト・マニュアル
行動分析から次世代型認知行動療法までを臨床に生かす
　　　　（鳥取大学医学部教授）竹田伸也著
第一世代から第三世代の認知行動療法を
独習可能で使いやすくした『ワークブッ
ク』の特徴，理論，ポイントなどを専門
家向けに書いた本です。1,980 円，四六並

ダウン症神話から自由になれば
子育てをもっと楽しめる
　　　　（臨床遺伝専門医）長谷川知子著
この本は，約 50 年にわたり 1 万人近い
ダウン症のある人たちと向きあってきた
専門医が書いた 1 冊。子育ての自信を
なくしたり悩んだりしている親や支援者
たちに向けたもの。2,200 円，四六並

心理支援のための臨床コラボレーション入門
システムズアプローチ，ナラティヴ・セ
ラピー，ブリーフセラピーの基礎
　　（関内カウンセリングオフィス）田中　究著
家族療法をはじめ諸技法の基礎が身につ
き，臨床の場でセラピストとクライアン
トの協働を促進する。心理支援者必読の
1 冊。3,080 円，四六並

産業・組織カウンセリング実践の手引き
基礎から応用への全 8 章［改訂版］
　　　三浦由美子・磯崎富士雄・斎藤壮士著
ベテラン産業心理臨床家がコンパクトに
まとめた必読の 1 冊。産業臨床の現場で
の心理支援，企業や組織のニーズを汲み，
治療チームに貢献するかを説く。ポスト
コロナに合わせ改訂。2,640 円，A5 並

価格は税込です

※心と社会の学術出版　遠見書房の本※

遠見書房

海外で国際協力をしたい人のための
活動ハンドブック──事前準備から，現
地の暮らし，仕事，危機管理，帰国まで
　　　　　　（順天堂大学）岡本美代子編著
国際協力活動をしたい人のために経験者
からのアドバイスを集めた一冊。準備，
危険対処，運営，連携，仕舞い方まで実
践スキルが満載。1,980 円，A5 並

ママたちの本音とグループによる子育て支援
「子どもがカワイイと思えない」と言える場をつくる
　　　　（北星学園大学名誉教授）相場幸子著
子育てに悩む母親のためのグループ支援
の活動記録の中から心に残るやりとりを
集めた 1 冊。「母親なら子どものためにす
べてを犠牲にすべき」などの社会の，母親
たちの本当のこころ。1,980 円，四六並

精神の情報工学
心理学 × IT でどんな未来を創造できるか
　　　　　　（徳島大学准教授）横谷謙次著
機械は心を癒せるか？──本書は画像処
理・音声処理・自然言語処理技術の活用，
ネットいじめの社会ネットワーク分析な
ど，心理学と情報工学の融合を見る最先
端の心理情報学入門。1,980 円，四六並

ACT マトリックスのエッセンシャルガイド
アクセプタンス＆コミットメント・セラピーを使う
　　　　　　K・ポークら著／谷　晋二監訳
本書は，理解の難しい ACT 理論を平易
に解き明かし，実践に役立てられる 1 冊
で，誰でも明日から使える手引きとなっ
ている。15 種類のワークシートつき。
5,390 円，A5 並

自分描画法マニュアル
臨床心理アセスメントと思いの理論
　　　　　　　　　　　　　小山充道著
自分の姿（ポートレート）を描く「自分
描画法」はそのこころの内や置かれた環
境などがよくわかる描画法として注目を
浴びています。自分描画法の創案者によ
る手引き。3,080 円，A5 並＋ DVD

世界一隅々まで書いた
認知行動療法・認知再構成法の本
　　　　　　　　　　　　　伊藤絵美著
本書は，認知再構成法についての 1 日
ワークショップをもとに書籍化したもの
で，ちゃんと学べる楽しく学べるをモッ
トーにまとめた 1 冊。今日から使える
ワークシートつき。2,860 円，A5 並

対人援助を心理職が変えていく
私たちの貢献と専門性を再考する
　　（臨床心理士・公認心理師）髙松真理著
臨床心理学の考えと心理職の実践は，精
神医療や福祉，教育にどう影響を与えて
きたのか。そして今後は？　本書は，「心
理職のプロフェッショナリズム」につい
てまとめた一書。2,200 円，A5 並

どうして？
あたらしいおうちにいくまでのおはなし
　　　　ひぐちあずさ作・おがわなお絵
「妹ってそんなサイズでいきなりくるも
ん？」児童福祉施設で暮らすこころちゃ
んと，そのこころちゃんの里親をするこ
とを考えている家庭で育つさとりちゃん
をめぐる絵本です。1,870 円，B5 上製

動作訓練の技術とこころ──障害のある
人の生活に寄りそう心理リハビリテイション
　　　（静岡大学教育学部教授）香野　毅著
身体・知的・発達障害のある人の生活に
寄りそう動作訓練をプロフェッショナル
が伝授。導入から訓練中の着目点，実施
の詳述＋実際の訓練の様子も写真入りで
解説しています。2,420 円，A5 並製

臨床力アップのコツ
ブリーフセラピーの発想
　　　　日本ブリーフサイコセラピー学会編
臨床能力をあげる考え方，スキル，ヒン
トなどをベテランの臨床家たちが開陳。
また黒沢幸子氏，東豊氏という日本を代
表するセラピストによる紙上スーパービ
ジョンも掲載。3,080 円，A5 並

価格は税込です

※心と社会の学術出版　遠見書房の本※

遠見書房

ひきこもりと関わる
日常と非日常のあいだの心理支援

（跡見学園女子大学准教授）板東充彦著

本書は，居場所支援などの実践を通して模索してきた，臨床心理学視点からのひきこもり支援論です。コミュニティで共に生きる仲間としてできることは何かを追求した一冊です。2,530 円，四六並

新しい家族の教科書
スピリチュアル家族システム査定法

（龍谷大学教授）東　豊著

プラグマティックに使えるものは何でも使うセラピスト東豊による家族のためのユニークな 1 冊が生まれました！　ホンマかいなと業界騒然必至の実用法査定法をここに公開！　1,870 円，四六並

「新型うつ」とは何だったのか
新しい抑うつへの心理学アプローチ

（日本大学教授）坂本真士 編著

新型うつは怠惰なのか病いなのか？　この本は，新型うつを臨床心理学と社会心理学を軸に研究をしたチームによる，その原因と治療法，リソースなどを紐解いた 1 冊。2,200 円，四六並

あたらしい日本の心理療法
臨床知の発見と一般化

池見　陽・浅井伸彦 編

本書は，近年，日本で生まれた 9 アプローチのオリジナルな心理療法を集め，その創始者たちによって，事例も交えながらじっくりと理論と方法を解説してもらったものです。3,520 円，A5 並

世界一隅々まで書いた
認知行動療法・問題解決法の本
（洗足ストレスコーピング・サポートオフィス）伊藤絵美著

本書は，問題解決法についての 1 日ワークショップをもとに書籍化したもので，ちゃんと学べる楽しく学べるをモットーにまとめた 1 冊。今日から使えるワークシートつき。2,860 円，A5 並

臨床心理学中事典
（九州大学名誉教授）野島一彦監修

650 超の項目，260 人超の執筆者，3 万超の索引項目からなる臨床心理学と学際領域の中項目主義の用語事典。臨床家必携！（編集：森岡正芳・岡村達也・坂井誠・黒木俊秀・津川律子・遠藤利彦・岩壁茂）7,480 円，A5 上製

親と子のはじまりを支える
妊娠期からの切れ目のない支援と心のケア

（名古屋大学教授）永田雅子編著

産科から子育て支援の現場までを幅広くカバー。本書は，周産期への心理支援を行う 6 名の心理職らによる周産期のこころのケアの実際と理論を多くの事例を通してまとめたもの。2,420 円，四六並

図解　ケースで学ぶ家族療法
システムとナラティヴの見立てと介入

（徳島大学准教授）横谷謙次著

カップルや家族の間で展開されている人間関係や悪循環を図にし，どう働きかけたらよいかがわかる実践入門書。家族療法を取り入れたい・取り組みたいセラピストにも最適。2,970 円，四六並

子どもと親のための
フレンドシップ・プログラム
人間関係が苦手な子の友だちづくりのヒント 30

フレッド・フランクル著／辻井正次監訳

子どもの友だち関係のよくある悩みごとをステップバイステップで解決！　親子のための科学的な根拠のある友だちのつくり方実践ガイド。3,080 円，A5 並

ナラティヴがキーワードの臨床・支援者向け雑誌。第 14 号：ナラティヴ・セラピーがもたらすものとその眼差し（坂本真佐哉編）年 1 刊行，1,980 円

価格は税込です